# Cammini Molto

## Libri Di Matematica Per Bambini | Frazioni 4

**ActivityCrusades**

Pubblicato da Speedy Publishing Canada Limited

ActivityCrusades
activity books

# FRAZIONI

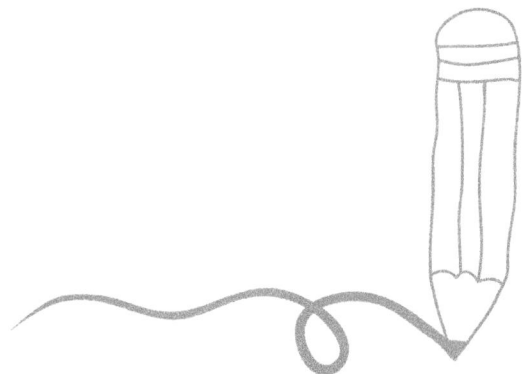

# Scrivi l'importo ombreggiato come una frazione dell'intero importo. Il primo è fatto per te.

1)

2)

3)

4)

5)

6)

7)

8)

9)

10)

11)

12)

13)

14)

15)

16)

17)

18)

1. $\frac{1}{8}$

2. _____

3. _____

4. _____

5. _____

6. _____

7. _____

8. _____

9. _____

10. _____

11. _____

12. _____

13. _____

14. _____

15. _____

16. _____

17. _____

18. _____

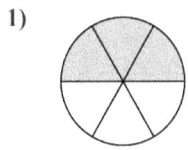

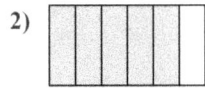

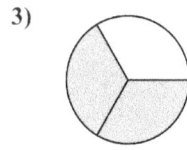

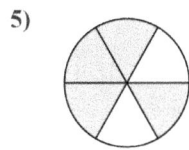

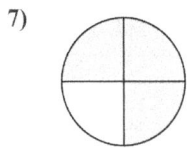

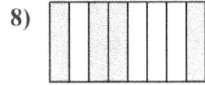

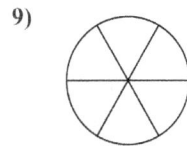

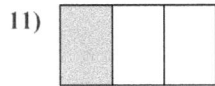

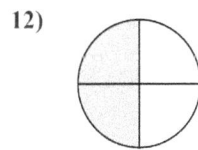

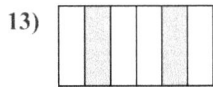

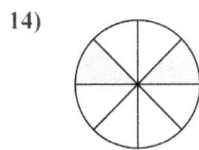

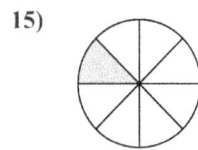

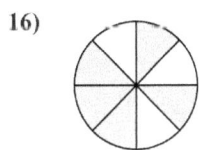

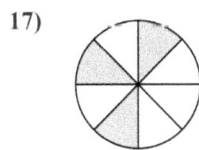

1)

2)

3)

4)

5)

6)

7)

8)

9)

10)

11)

12)

13)

14)

15)

16)

17)

18)

1. _____

2. _____

3. _____

4. _____

5. _____

6. _____

7. _____

8. _____

9. _____

10. _____

11. _____

12. _____

13. _____

14. _____

15. _____

16. _____

17. _____

18. _____

2

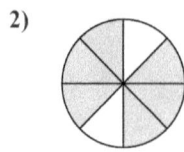

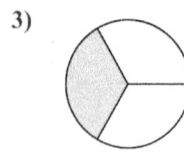

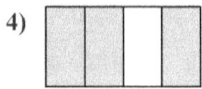

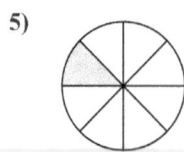

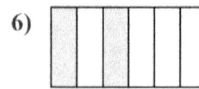

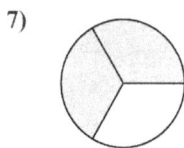

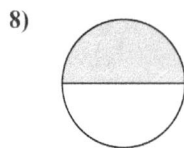

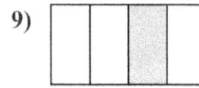

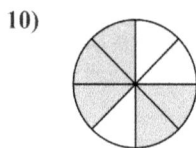

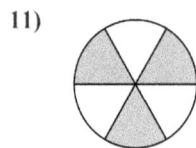

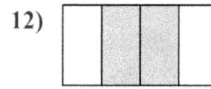

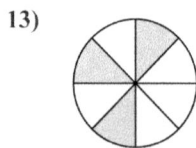

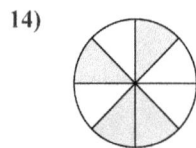

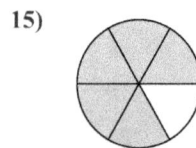

**3**

1)

2)

3)

4)

5)

6)

7)

8)

9)

10)

11)

12)

13)

14)

15)

16)

17)

18)

1. _____

2. _____

3. _____

4. _____

5. _____

6. _____

7. _____

8. _____

9. _____

10. _____

11. _____

12. _____

13. _____

14. _____

15. _____

16. _____

17. _____

18. _____

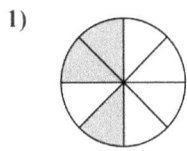

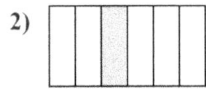

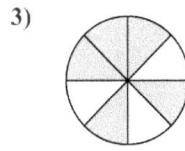

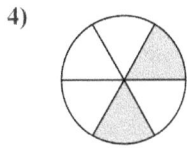

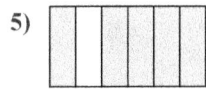

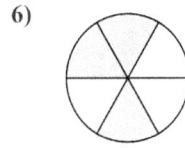

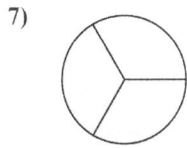

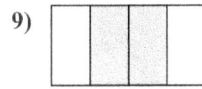

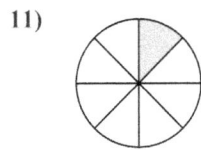

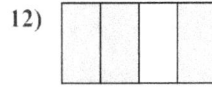

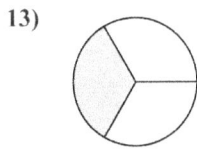

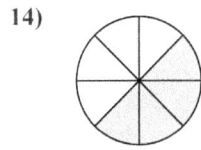

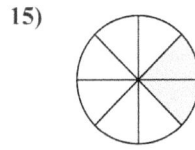

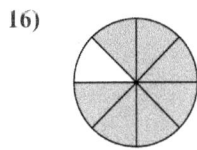

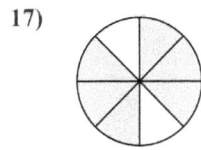

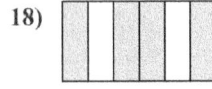

1)

2)

3)

4)

5)

6)

7)

8)

9)

10)

11)

12)

13)

14)

15)

16)

17)

18)

1. _____

2. _____

3. _____

4. _____

5. _____

6. _____

7. _____

8. _____

9. _____

10. _____

11. _____

12. _____

13. _____

14. _____

15. _____

16. _____

17. _____

18. _____

**5**

1)

2)

3)

4)

5)

6)

7)

8)

9)

10)

11)

12)

13)

14)

15)

16)

17)

18)

1. _____
2. _____
3. _____
4. _____
5. _____
6. _____
7. _____
8. _____
9. _____
10. _____
11. _____
12. _____
13. _____
14. _____
15. _____
16. _____
17. _____
18. _____

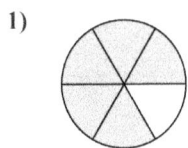

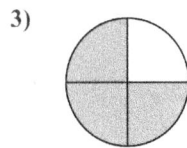

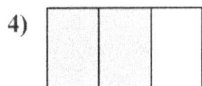

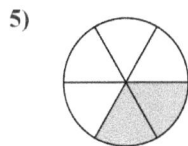

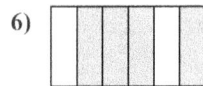

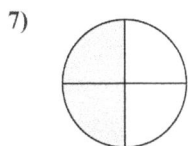

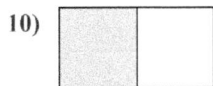

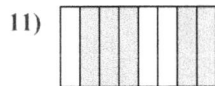

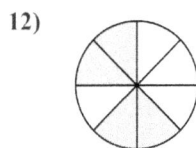

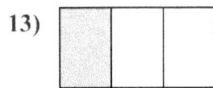

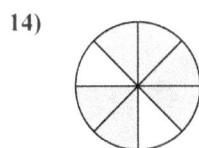

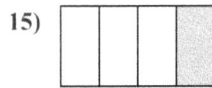

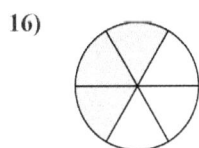

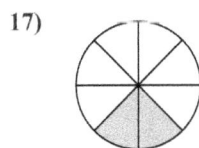

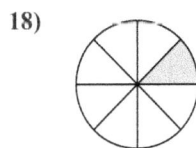

1)

2)

3)

4)

5)

6)

7)

8)

9)

10)

11)

12)

13)

14)

15)

16)

17)

18)

1. _____

2. _____

3. _____

4. _____

5. _____

6. _____

7. _____

8. _____

9. _____

10. _____

11. _____

12. _____

13. _____

14. _____

15. _____

16. _____

17. _____

18. _____

6

**7**

1)

2)

3)

4)

5)

6)

7)

8)

9)

10)

11)

12)

13)

14)

15)

16)

17)

18)

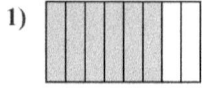

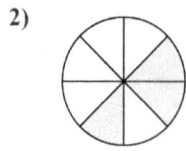

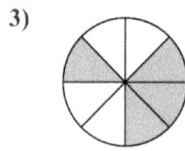

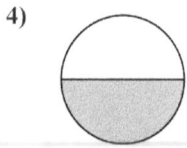

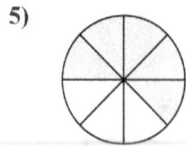

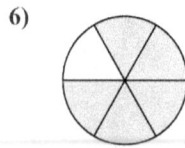

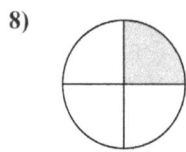

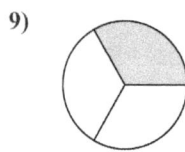

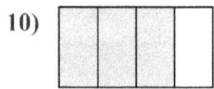

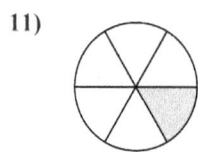

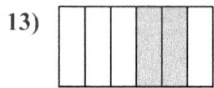

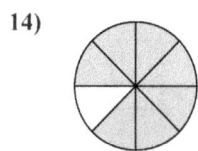

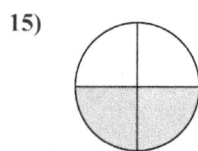

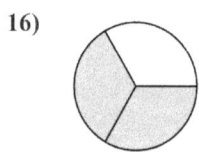

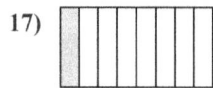

1. _____
2. _____
3. _____
4. _____
5. _____
6. _____
7. _____
8. _____
9. _____
10. _____
11. _____
12. _____
13. _____
14. _____
15. _____
16. _____
17. _____
18. _____

1)

2)

3)

4)

5)

6)

7)

8)

9)

10)

11)

12)

13)

14)

15)

16)

17)

18)

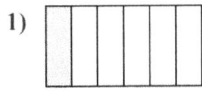

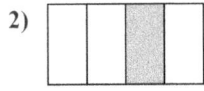

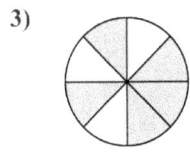

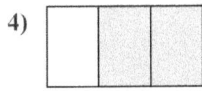

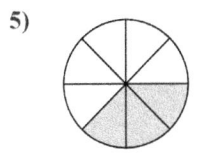

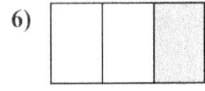

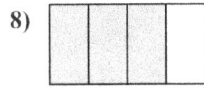

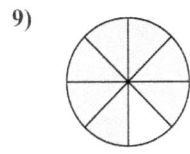

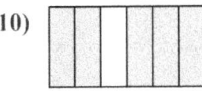

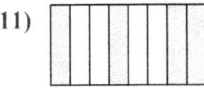

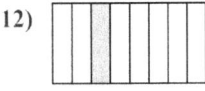

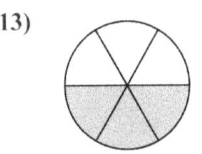

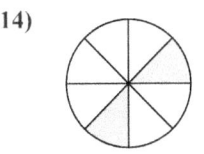

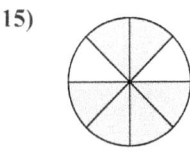

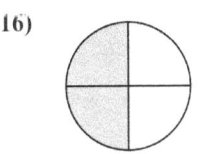

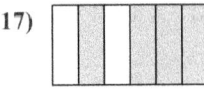

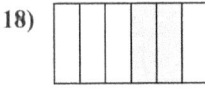

1. _____
2. _____
3. _____
4. _____
5. _____
6. _____
7. _____
8. _____
9. _____
10. _____
11. _____
12. _____
13. _____
14. _____
15. _____
16. _____
17. _____
18. _____

1)

2)

3)

4)

5)

6)

7)

8)

9)

10)

11)

12)

13)

14)

15)

16)

17)

18)

1. _____
2. _____
3. _____
4. _____
5. _____
6. _____
7. _____
8. _____
9. _____
10. _____
11. _____
12. _____
13. _____
14. _____
15. _____
16. _____
17. _____
18. _____

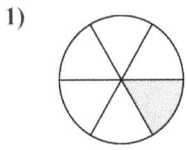

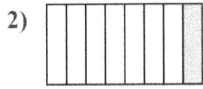

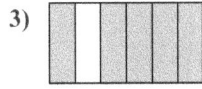

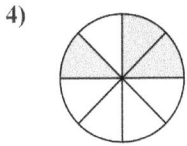

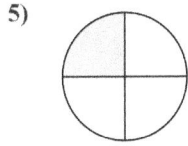

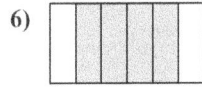

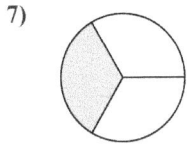

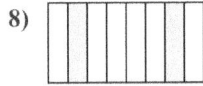

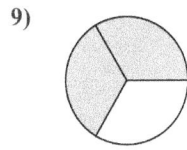

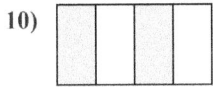

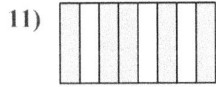

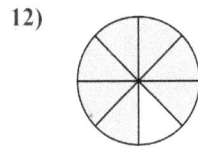

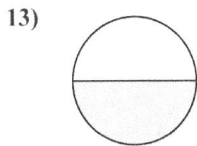

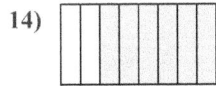

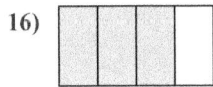

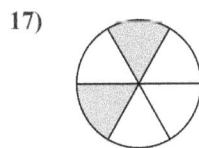

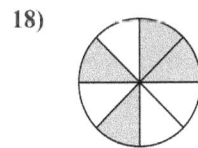

1)

2)

3)

4)

5)

6)

7)

8)

9)

10)

11)

12)

13)

14)

15)

16)

17)

18)

1. _____

2. _____

3. _____

4. _____

5. _____

6. _____

7. _____

8. _____

9. _____

10. _____

11. _____

12. _____

13. _____

14. _____

15. _____

16. _____

17. _____

18. _____

**Determina quale scelta (s) mostra la forma suddivisa in modo che ogni pezzo abbia un'area uguale. Se no, scrivi 'nessuno'. Il primo è fatto per te.**

1) a.    b.    c.    d.

| 1. | A,B,C,D |
|---|---|

2) a.    b.    c.    d.

| 2. | |
|---|---|

3) a.    b.    c.    d.

| 3. | |
|---|---|

4) a.    b.    c.    d.

| 4. | |
|---|---|

5) a.    b.    c.    d.

| 5. | |
|---|---|

6) a.    b.    c.    d.

| 6. | |
|---|---|

7) a.    b.    c.    d.

| 7. | |
|---|---|

8) a.    b.    c.    d.

| 8. | |
|---|---|

**1)**  a.                     b.                     c.                     d.

**2)**  a.                     b.                     c.                     d.

**3)**  a.                     b.                     c.                     d.

**4)**  a.                     b.                     c.                     d.

**5)**  a.                     b.                     c.                     d.

**6)**  a.                     b.                     c.                     d.

**7)**  a.                     b.                     c.                     d.

**8)**  a.                     b.                     c.                     d.

1. _____
2. _____
3. _____
4. _____
5. _____
6. _____
7. _____
8. _____

12

**1)** a.      b.      c.      d.

**2)** a.      b.      c.      d.

**3)** a.      b.      c.      d.

**4)** a.      b.      c.      d.

**5)** a.      b.      c.      d.

**6)** a.      b.      c.      d.

**7)** a.      b.      c.      d.

**8)** a.      b.      c.      d.

1. _____
2. _____
3. _____
4. _____
5. _____
6. _____
7. _____
8. _____

1)    a.       b.       c.       d.

2)    a.       b.       c.       d.

3)    a.       b.       c.       d.

4)    a.       b.       c.       d.

5)    a.       b.       c.       d.

6)    a.       b.       c.       d.

7)    a.       b.       c.       d.

8)    a.       b.       c.       d.

1. _____
2. _____
3. _____
4. _____
5. _____
6. _____
7. _____
8. _____

**1)** a.      b.      c.      d.

**2)** a.      b.      c.      d.

**3)** a.      b.      c.      d.

**4)** a.      b.      c.      d.

**5)** a.      b.      c.      d.

**6)** a.      b.      c.      d.

**7)** a.      b.      c.      d.

**8)** a.      b.      c.      d.

1. _____
2. _____
3. _____
4. _____
5. _____
6. _____
7. _____
8. _____

16

**1)** a.    b.    c.    d.

**2)** a.    b.    c.    d.

**3)** a.    b.    c.    d.

**4)** a.    b.    c.    d.

**5)** a.    b.    c.    d.

**6)** a.    b.    c.    d.

**7)** a.    b.    c.    d.

**8)** a.    b.    c.    d.

1. _____
2. _____
3. _____
4. _____
5. _____
6. _____
7. _____
8. _____

**17**

1) a.     b.     c.     d.

2) a.     b.     c.     d.

3) a.     b.     c.     d.

4) a.     b.     c.     d.

5) a.     b.     c.     d.

6) a.     b.     c.     d.

7) a.     b.     c.     d.

8) a.     b.     c.     d.

1. _____
2. _____
3. _____
4. _____
5. _____
6. _____
7. _____
8. _____

1) a.     b.     c.     d.

2) a.     b.     c.     d.

3) a.     b.     c.     d.

4) a.     b.     c.     d.

5) a.     b.     c.     d.

6) a.     b.     c.     d.

7) a.     b.     c.     d.

8) a.     b.     c.     d.

1. _____
2. _____
3. _____
4. _____
5. _____
6. _____
7. _____
8. _____

**1)** a.      b.      c.      d.

**2)** a.      b.      c.      d.

**3)** a.      b.      c.      d.

**4)** a.      b.      c.      d.

**5)** a.      b.      c.      d.

**6)** a.      b.      c.      d.

**7)** a.      b.      c.      d.

**8)** a.      b.      c.      d.

1. _____
2. _____
3. _____
4. _____
5. _____
6. _____
7. _____
8. _____

**1)** a.　　b.　　c.　　d.

**2)** a.　　b.　　c.　　d.

**3)** a.　　b.　　c.　　d.

**4)** a.　　b.　　c.　　d.

**5)** a.　　b.　　c.　　d.

**6)** a.　　b.　　c.　　d.

**7)** a.　　b.　　c.　　d.

**8)** a.　　b.　　c.　　d.

1. _____
2. _____
3. _____
4. _____
5. _____
6. _____
7. _____
8. _____

**21** 🖉 **Determinare se le frazioni mostrate sono uguali a 0, 1/2 o 1. Il primo è fatto per te.**

1) $\dfrac{8}{8}$  2) $\dfrac{0}{7}$  3) $\dfrac{0}{8}$  4) $\dfrac{6}{12}$

5) $\dfrac{5}{10}$  6) $\dfrac{3}{3}$  7) $\dfrac{0}{6}$  8) $\dfrac{0}{4}$

9) $\dfrac{9}{18}$  10) $\dfrac{0}{2}$  11) $\dfrac{3}{6}$  12) $\dfrac{0}{9}$

13) $\dfrac{0}{5}$  14) $\dfrac{4}{4}$  15) $\dfrac{5}{5}$  16) $\dfrac{7}{7}$

17) $\dfrac{4}{8}$  18) $\dfrac{6}{6}$  19) $\dfrac{2}{2}$  20) $\dfrac{2}{4}$

1. _____1_____
2. _____
3. _____
4. _____
5. _____
6. _____
7. _____
8. _____
9. _____
10. _____
11. _____
12. _____
13. _____
14. _____
15. _____
16. _____
17. _____
18. _____
19. _____

1) $\dfrac{0}{7}$

2) $\dfrac{3}{3}$

3) $\dfrac{5}{5}$

4) $\dfrac{8}{16}$

5) $\dfrac{9}{18}$

6) $\dfrac{0}{4}$

7) $\dfrac{0}{6}$

8) $\dfrac{3}{6}$

9) $\dfrac{4}{8}$

10) $\dfrac{0}{2}$

11) $\dfrac{6}{6}$

12) $\dfrac{6}{12}$

13) $\dfrac{0}{3}$

14) $\dfrac{2}{2}$

15) $\dfrac{5}{10}$

16) $\dfrac{0}{8}$

17) $\dfrac{0}{5}$

18) $\dfrac{7}{14}$

19) $\dfrac{8}{8}$

20) $\dfrac{9}{9}$

1. _____
2. _____
3. _____
4. _____
5. _____
6. _____
7. _____
8. _____
9. _____
10. _____
11. _____
12. _____
13. _____
14. _____
15. _____
16. _____
17. _____
18. _____
19. _____

1) $\dfrac{0}{2}$  2) $\dfrac{0}{4}$  3) $\dfrac{2}{2}$  4) $\dfrac{9}{18}$

5) $\dfrac{7}{7}$  6) $\dfrac{0}{7}$  7) $\dfrac{2}{4}$  8) $\dfrac{0}{5}$

9) $\dfrac{0}{6}$  10) $\dfrac{8}{8}$  11) $\dfrac{9}{9}$  12) $\dfrac{6}{12}$

13) $\dfrac{0}{8}$  14) $\dfrac{6}{6}$  15) $\dfrac{5}{10}$  16) $\dfrac{7}{14}$

17) $\dfrac{8}{16}$  18) $\dfrac{4}{4}$  19) $\dfrac{4}{8}$  20) $\dfrac{3}{3}$

1. _____
2. _____
3. _____
4. _____
5. _____
6. _____
7. _____
8. _____
9. _____
10. _____
11. _____
12. _____
13. _____
14. _____
15. _____
16. _____
17. _____
18. _____
19. _____

1) $\dfrac{7}{14}$

2) $\dfrac{0}{3}$

3) $\dfrac{3}{3}$

4) $\dfrac{6}{6}$

5) $\dfrac{0}{5}$

6) $\dfrac{4}{8}$

7) $\dfrac{0}{2}$

8) $\dfrac{3}{6}$

9) $\dfrac{9}{9}$

10) $\dfrac{6}{12}$

11) $\dfrac{9}{18}$

12) $\dfrac{0}{8}$

13) $\dfrac{5}{10}$

14) $\dfrac{8}{16}$

15) $\dfrac{0}{6}$

16) $\dfrac{7}{7}$

17) $\dfrac{5}{5}$

18) $\dfrac{2}{2}$

19) $\dfrac{0}{7}$

20) $\dfrac{8}{8}$

1. _____
2. _____
3. _____
4. _____
5. _____
6. _____
7. _____
8. _____
9. _____
10. _____
11. _____
12. _____
13. _____
14. _____
15. _____
16. _____
17. _____
18. _____
19. _____

1) $\dfrac{5}{5}$

2) $\dfrac{0}{4}$

3) $\dfrac{3}{3}$

4) $\dfrac{9}{9}$

5) $\dfrac{0}{6}$

6) $\dfrac{4}{8}$

7) $\dfrac{0}{8}$

8) $\dfrac{0}{2}$

9) $\dfrac{6}{6}$

10) $\dfrac{2}{2}$

11) $\dfrac{6}{12}$

12) $\dfrac{8}{8}$

13) $\dfrac{2}{4}$

14) $\dfrac{8}{16}$

15) $\dfrac{3}{6}$

16) $\dfrac{7}{14}$

17) $\dfrac{0}{9}$

18) $\dfrac{0}{7}$

19) $\dfrac{5}{10}$

20) $\dfrac{4}{4}$

1. _____
2. _____
3. _____
4. _____
5. _____
6. _____
7. _____
8. _____
9. _____
10. _____
11. _____
12. _____
13. _____
14. _____
15. _____
16. _____
17. _____
18. _____
19. _____

1) $\dfrac{8}{8}$

2) $\dfrac{2}{4}$

3) $\dfrac{3}{6}$

4) $\dfrac{0}{5}$

5) $\dfrac{0}{6}$

6) $\dfrac{4}{8}$

7) $\dfrac{0}{8}$

8) $\dfrac{6}{12}$

9) $\dfrac{0}{3}$

10) $\dfrac{0}{2}$

11) $\dfrac{4}{4}$

12) $\dfrac{7}{14}$

13) $\dfrac{0}{4}$

14) $\dfrac{9}{18}$

15) $\dfrac{2}{2}$

16) $\dfrac{3}{3}$

17) $\dfrac{5}{10}$

18) $\dfrac{6}{6}$

19) $\dfrac{0}{7}$

20) $\dfrac{5}{5}$

1. _____
2. _____
3. _____
4. _____
5. _____
6. _____
7. _____
8. _____
9. _____
10. _____
11. _____
12. _____
13. _____
14. _____
15. _____
16. _____
17. _____
18. _____
19. _____

**27**

1) $\dfrac{3}{6}$

2) $\dfrac{0}{6}$

3) $\dfrac{2}{2}$

4) $\dfrac{0}{3}$

5) $\dfrac{2}{4}$

6) $\dfrac{8}{16}$

7) $\dfrac{7}{14}$

8) $\dfrac{4}{8}$

9) $\dfrac{4}{4}$

10) $\dfrac{0}{8}$

11) $\dfrac{9}{9}$

12) $\dfrac{5}{5}$

13) $\dfrac{7}{7}$

14) $\dfrac{0}{5}$

15) $\dfrac{0}{2}$

16) $\dfrac{0}{7}$

17) $\dfrac{0}{9}$

18) $\dfrac{6}{12}$

19) $\dfrac{6}{6}$

20) $\dfrac{9}{18}$

1. _____

2. _____

3. _____

4. _____

5. _____

6. _____

7. _____

8. _____

9. _____

10. _____

11. _____

12. _____

13. _____

14. _____

15. _____

16. _____

17. _____

18. _____

19. _____

1) $\dfrac{4}{8}$

2) $\dfrac{3}{6}$

3) $\dfrac{0}{3}$

4) $\dfrac{0}{6}$

5) $\dfrac{6}{12}$

6) $\dfrac{0}{5}$

7) $\dfrac{0}{9}$

8) $\dfrac{8}{16}$

9) $\dfrac{9}{9}$

10) $\dfrac{2}{4}$

11) $\dfrac{0}{7}$

12) $\dfrac{2}{2}$

13) $\dfrac{7}{7}$

14) $\dfrac{5}{10}$

15) $\dfrac{8}{8}$

16) $\dfrac{0}{2}$

17) $\dfrac{7}{14}$

18) $\dfrac{0}{4}$

19) $\dfrac{5}{5}$

20) $\dfrac{6}{6}$

1. _____
2. _____
3. _____
4. _____
5. _____
6. _____
7. _____
8. _____
9. _____
10. _____
11. _____
12. _____
13. _____
14. _____
15. _____
16. _____
17. _____
18. _____
19. _____

1) $\dfrac{9}{18}$

2) $\dfrac{2}{4}$

3) $\dfrac{5}{5}$

4) $\dfrac{7}{7}$

5) $\dfrac{3}{6}$

6) $\dfrac{3}{3}$

7) $\dfrac{0}{3}$

8) $\dfrac{0}{7}$

9) $\dfrac{0}{6}$

10) $\dfrac{9}{9}$

11) $\dfrac{8}{8}$

12) $\dfrac{0}{4}$

13) $\dfrac{8}{16}$

14) $\dfrac{0}{9}$

15) $\dfrac{4}{8}$

16) $\dfrac{5}{10}$

17) $\dfrac{0}{5}$

18) $\dfrac{6}{12}$

19) $\dfrac{4}{4}$

20) $\dfrac{2}{2}$

1. _____
2. _____
3. _____
4. _____
5. _____
6. _____
7. _____
8. _____
9. _____
10. _____
11. _____
12. _____
13. _____
14. _____
15. _____
16. _____
17. _____
18. _____
19. _____

1) $\dfrac{5}{5}$

2) $\dfrac{7}{14}$

3) $\dfrac{5}{10}$

4) $\dfrac{3}{3}$

5) $\dfrac{4}{8}$

6) $\dfrac{0}{2}$

7) $\dfrac{6}{6}$

8) $\dfrac{0}{5}$

9) $\dfrac{3}{6}$

10) $\dfrac{0}{9}$

11) $\dfrac{8}{8}$

12) $\dfrac{0}{8}$

13) $\dfrac{9}{18}$

14) $\dfrac{0}{6}$

15) $\dfrac{0}{4}$

16) $\dfrac{4}{4}$

17) $\dfrac{0}{7}$

18) $\dfrac{2}{2}$

19) $\dfrac{6}{12}$

20) $\dfrac{7}{7}$

1. _____
2. _____
3. _____
4. _____
5. _____
6. _____
7. _____
8. _____
9. _____
10. _____
11. _____
12. _____
13. _____
14. _____
15. _____
16. _____
17. _____
18. _____
19. _____

**31** 🖉 **Risolvere il problema. Scrivi la tua risposta come una frazione impropria (se possibile). Il primo è fatto per te.**

1) $1\frac{1}{2} - 1\frac{1}{2} =$

2) $8\frac{2}{4} - 6\frac{3}{4} =$

3) $5\frac{2}{3} - 4\frac{1}{3} =$

4) $4\frac{3}{5} - 4\frac{1}{5} =$

5) $6\frac{1}{4} - 2\frac{1}{4} =$

6) $9\frac{1}{2} - 5\frac{1}{2} =$

7) $8\frac{1}{2} + 8\frac{1}{2} =$

8) $4\frac{1}{4} + 2\frac{1}{4} =$

9) $4\frac{3}{8} + 1\frac{7}{8} =$

10) $5\frac{7}{8} + 5\frac{4}{8} =$

11) $7\frac{5}{8} + 2\frac{7}{8} =$

12) $4\frac{4}{8} + 1\frac{5}{8} =$

1. $\frac{0}{2}$
2. 
3. 
4. 
5. 
6. 
7. 
8. 
9. 
10. 
11. 
12.

1) $7\dfrac{4}{5} - 5\dfrac{4}{5} =$

2) $7\dfrac{2}{3} - 5\dfrac{2}{3} =$

3) $7\dfrac{2}{3} - 6\dfrac{2}{3} =$

4) $9\dfrac{2}{10} - 1\dfrac{3}{10} =$

5) $6\dfrac{9}{10} - 1\dfrac{1}{10} =$

6) $9\dfrac{2}{3} - 6\dfrac{1}{3} =$

7) $5\dfrac{4}{6} + 2\dfrac{1}{6} =$

8) $7\dfrac{5}{8} + 5\dfrac{1}{8} =$

9) $8\dfrac{3}{10} + 1\dfrac{3}{10} =$

10) $2\dfrac{6}{8} + 1\dfrac{1}{8} =$

11) $8\dfrac{1}{4} + 3\dfrac{3}{4} =$

12) $7\dfrac{10}{12} + 2\dfrac{2}{12} =$

1. _____

2. _____

3. _____

4. _____

5. _____

6. _____

7. _____

8. _____

9. _____

10. _____

11. _____

12. _____

**1)** $4\dfrac{1}{3} - 2\dfrac{1}{3} =$

**2)** $5\dfrac{8}{10} - 4\dfrac{8}{10} =$

**3)** $5\dfrac{1}{2} - 2\dfrac{1}{2} =$

**4)** $9\dfrac{1}{5} - 3\dfrac{4}{5} =$

**5)** $8\dfrac{7}{12} - 1\dfrac{3}{12} =$

**6)** $9\dfrac{7}{12} - 3\dfrac{9}{12} =$

**7)** $6\dfrac{1}{4} + 3\dfrac{3}{4} =$

**8)** $8\dfrac{4}{5} + 2\dfrac{1}{5} =$

**9)** $2\dfrac{9}{12} + 1\dfrac{4}{12} =$

**10)** $3\dfrac{3}{4} + 3\dfrac{2}{4} =$

**11)** $9\dfrac{4}{8} + 2\dfrac{6}{8} =$

**12)** $1\dfrac{5}{10} + 1\dfrac{4}{10} =$

1. _____
2. _____
3. _____
4. _____
5. _____
6. _____
7. _____
8. _____
9. _____
10. _____
11. _____
12. _____

**1)** $4\dfrac{2}{6} - 3\dfrac{4}{6} =$

**2)** $6\dfrac{10}{12} - 1\dfrac{5}{12} =$

**3)** $9\dfrac{5}{12} - 7\dfrac{1}{12} =$

**4)** $6\dfrac{2}{5} - 3\dfrac{1}{5} =$

**5)** $8\dfrac{7}{10} - 4\dfrac{8}{10} =$

**6)** $9\dfrac{1}{2} - 7\dfrac{1}{2} =$

**7)** $7\dfrac{4}{12} + 5\dfrac{4}{12} =$

**8)** $8\dfrac{2}{3} + 6\dfrac{1}{3} =$

**9)** $3\dfrac{4}{5} + 2\dfrac{1}{5} =$

**10)** $9\dfrac{4}{8} + 7\dfrac{2}{8} =$

**11)** $7\dfrac{7}{8} + 4\dfrac{5}{8} =$

**12)** $8\dfrac{2}{3} + 5\dfrac{2}{3} =$

1. _____
2. _____
3. _____
4. _____
5. _____
6. _____
7. _____
8. _____
9. _____
10. _____
11. _____
12. _____

**1)** $7\frac{1}{6} - 3\frac{4}{6} =$

**2)** $6\frac{1}{12} - 3\frac{11}{12} =$

**3)** $8\frac{1}{4} - 6\frac{3}{4} =$

**4)** $7\frac{1}{2} - 6\frac{1}{2} =$

**5)** $6\frac{2}{5} - 5\frac{2}{5} =$

**6)** $8\frac{3}{5} - 2\frac{2}{5} =$

**7)** $7\frac{1}{10} + 4\frac{5}{10} =$

**8)** $9\frac{1}{12} + 8\frac{4}{12} =$

**9)** $8\frac{1}{5} + 5\frac{4}{5} =$

**10)** $8\frac{3}{10} + 7\frac{4}{10} =$

**11)** $8\frac{3}{4} + 4\frac{3}{4} =$

**12)** $7\frac{1}{3} + 3\frac{1}{3} =$

1. _____
2. _____
3. _____
4. _____
5. _____
6. _____
7. _____
8. _____
9. _____
10. _____
11. _____
12. _____

1) $7\dfrac{1}{6} - 3\dfrac{4}{6} =$

2) $6\dfrac{1}{12} - 3\dfrac{11}{12} =$

3) $8\dfrac{1}{4} - 6\dfrac{3}{4} =$

4) $7\dfrac{1}{2} - 6\dfrac{1}{2} =$

5) $6\dfrac{2}{5} - 5\dfrac{2}{5} =$

6) $8\dfrac{3}{5} - 2\dfrac{2}{5} =$

7) $7\dfrac{1}{10} + 4\dfrac{5}{10} =$

8) $9\dfrac{1}{12} + 8\dfrac{4}{12} =$

9) $8\dfrac{1}{5} + 5\dfrac{4}{5} =$

10) $8\dfrac{3}{10} + 7\dfrac{4}{10} =$

11) $8\dfrac{3}{4} + 4\dfrac{3}{4} =$

12) $7\dfrac{1}{3} + 3\dfrac{1}{3} =$

1. _____
2. _____
3. _____
4. _____
5. _____
6. _____
7. _____
8. _____
9. _____
10. _____
11. _____
12. _____

1) $8\dfrac{1}{10} - 2\dfrac{4}{10} =$

2) $9\dfrac{5}{12} - 7\dfrac{7}{12} =$

3) $7\dfrac{5}{10} - 2\dfrac{5}{10} =$

4) $9\dfrac{1}{12} - 3\dfrac{4}{12} =$

5) $7\dfrac{4}{5} - 5\dfrac{2}{5} =$

6) $5\dfrac{1}{4} - 3\dfrac{2}{4} =$

7) $4\dfrac{1}{5} + 2\dfrac{4}{5} =$

8) $8\dfrac{2}{8} + 5\dfrac{5}{8} =$

9) $9\dfrac{4}{6} + 8\dfrac{3}{6} =$

10) $4\dfrac{2}{10} + 3\dfrac{7}{10} =$

11) $6\dfrac{3}{8} + 1\dfrac{7}{8} =$

12) $7\dfrac{1}{2} + 3\dfrac{1}{2} =$

1. _____
2. _____
3. _____
4. _____
5. _____
6. _____
7. _____
8. _____
9. _____
10. _____
11. _____
12. _____

**1)** $8\dfrac{4}{8} - 6\dfrac{7}{8} =$

**2)** $5\dfrac{1}{12} - 3\dfrac{8}{12} =$

**3)** $8\dfrac{3}{4} - 8\dfrac{1}{4} =$

**4)** $4\dfrac{1}{3} - 1\dfrac{1}{3} =$

**5)** $6\dfrac{2}{4} - 3\dfrac{2}{4} =$

**6)** $6\dfrac{2}{8} - 1\dfrac{1}{8} =$

**7)** $4\dfrac{2}{3} + 3\dfrac{1}{3} =$

**8)** $8\dfrac{1}{6} + 4\dfrac{5}{6} =$

**9)** $6\dfrac{7}{10} + 5\dfrac{8}{10} =$

**10)** $8\dfrac{2}{10} + 3\dfrac{2}{10} =$

**11)** $4\dfrac{1}{2} + 2\dfrac{1}{2} =$

**12)** $7\dfrac{8}{10} + 2\dfrac{7}{10} =$

1. _____
2. _____
3. _____
4. _____
5. _____
6. _____
7. _____
8. _____
9. _____
10. _____
11. _____
12. _____

**1)** $5\dfrac{2}{4} - 3\dfrac{3}{4} =$

**2)** $9\dfrac{5}{8} - 6\dfrac{4}{8} =$

**3)** $9\dfrac{10}{12} - 9\dfrac{9}{12} =$

**4)** $5\dfrac{1}{2} - 4\dfrac{1}{2} =$

**5)** $9\dfrac{2}{3} - 5\dfrac{2}{3} =$

**6)** $5\dfrac{3}{5} - 4\dfrac{2}{5} =$

**7)** $7\dfrac{9}{12} + 1\dfrac{4}{12} =$

**8)** $5\dfrac{4}{10} + 4\dfrac{5}{10} =$

**9)** $7\dfrac{7}{8} + 5\dfrac{5}{8} =$

**10)** $6\dfrac{2}{6} + 5\dfrac{1}{6} =$

**11)** $4\dfrac{3}{5} + 1\dfrac{2}{5} =$

**12)** $1\dfrac{2}{3} + 1\dfrac{2}{3} =$

1. _____
2. _____
3. _____
4. _____
5. _____
6. _____
7. _____
8. _____
9. _____
10. _____
11. _____
12. _____

**1)** $9\dfrac{5}{12} - 6\dfrac{7}{12} =$

**2)** $5\dfrac{5}{8} - 1\dfrac{5}{8} =$

**3)** $5\dfrac{2}{6} - 3\dfrac{5}{6} =$

**4)** $7\dfrac{7}{8} - 6\dfrac{1}{8} =$

**5)** $7\dfrac{5}{12} - 3\dfrac{2}{12} =$

**6)** $1\dfrac{3}{5} - 1\dfrac{1}{5} =$

**7)** $6\dfrac{3}{5} + 3\dfrac{1}{5} =$

**8)** $7\dfrac{3}{6} + 7\dfrac{1}{6} =$

**9)** $9\dfrac{2}{3} + 6\dfrac{1}{3} =$

**10)** $6\dfrac{2}{3} + 4\dfrac{2}{3} =$

**11)** $9\dfrac{1}{4} + 5\dfrac{2}{4} =$

**12)** $5\dfrac{3}{8} + 2\dfrac{7}{8} =$

1. _____
2. _____
3. _____
4. _____
5. _____
6. _____
7. _____
8. _____
9. _____
10. _____
11. _____
12. _____

**Utilizza raggruppamento per risolvere. Assicurarsi che la tua risposta non sia una frazione impropria. Il primo è fatto per te.**

1) $2\dfrac{1}{3} - 1\dfrac{2}{3} =$

2) $3\dfrac{1}{4} - 1\dfrac{3}{4} =$

3) $6\dfrac{1}{8} - 4\dfrac{4}{8} =$

4) $2\dfrac{2}{7} - 1\dfrac{5}{7} =$

5) $10\dfrac{1}{3} - 1\dfrac{2}{3} =$

6) $7\dfrac{2}{5} - 2\dfrac{4}{5} =$

7) $4\dfrac{1}{10} - 1\dfrac{4}{10} =$

8) $5\dfrac{1}{7} - 2\dfrac{5}{7} =$

9) $9\dfrac{4}{9} - 3\dfrac{7}{9} =$

10) $8\dfrac{1}{3} - 6\dfrac{2}{3} =$

11) $8\dfrac{2}{4} - 5\dfrac{3}{4} =$

12) $2\dfrac{4}{8} - 1\dfrac{5}{8} =$

13) $5\dfrac{5}{7} - 1\dfrac{6}{7} =$

14) $8\dfrac{4}{10} - 3\dfrac{8}{10} =$

15) $6\dfrac{1}{3} - 2\dfrac{2}{3} =$

16) $9\dfrac{1}{7} - 7\dfrac{2}{7} =$

1. $^{2}/_{3}$
2. _____
3. _____
4. _____
5. _____
6. _____
7. _____
8. _____
9. _____
10. _____
11. _____
12. _____
13. _____
14. _____
15. _____
16. _____

1) $5\frac{3}{6} - 2\frac{4}{6} =$

2) $10\frac{1}{5} - 7\frac{2}{5} =$

3) $7\frac{2}{10} - 4\frac{8}{10} =$

4) $3\frac{1}{3} - 1\frac{2}{3} =$

5) $4\frac{1}{4} - 3\frac{2}{4} =$

6) $2\frac{1}{8} - 1\frac{2}{8} =$

7) $9\frac{4}{10} - 5\frac{8}{10} =$

8) $4\frac{1}{3} - 1\frac{2}{3} =$

9) $6\frac{1}{9} - 3\frac{4}{9} =$

10) $5\frac{1}{3} - 1\frac{2}{3} =$

11) $8\frac{1}{3} - 1\frac{2}{3} =$

12) $6\frac{1}{5} - 4\frac{2}{5} =$

13) $5\frac{1}{9} - 3\frac{7}{9} =$

14) $6\frac{1}{7} - 5\frac{3}{7} =$

15) $6\frac{2}{6} - 3\frac{3}{6} =$

16) $9\frac{5}{8} - 3\frac{6}{8} =$

1. _____
2. _____
3. _____
4. _____
5. _____
6. _____
7. _____
8. _____
9. _____
10. _____
11. _____
12. _____
13. _____
14. _____
15. _____
16. _____

**43**

1) $6\frac{6}{9} - 5\frac{7}{9} =$

2) $9\frac{1}{8} - 7\frac{2}{8} =$

3) $10\frac{8}{10} - 2\frac{9}{10} =$

4) $6\frac{4}{7} - 3\frac{6}{7} =$

5) $2\frac{1}{3} - 1\frac{2}{3} =$

6) $8\frac{1}{4} - 3\frac{3}{4} =$

7) $4\frac{2}{10} - 1\frac{5}{10} =$

8) $2\frac{8}{10} - 1\frac{9}{10} =$

9) $6\frac{1}{4} - 2\frac{3}{4} =$

10) $10\frac{1}{3} - 7\frac{2}{3} =$

11) $6\frac{1}{7} - 4\frac{2}{7} =$

12) $3\frac{2}{5} - 1\frac{3}{5} =$

13) $5\frac{1}{6} - 4\frac{2}{6} =$

14) $9\frac{1}{3} - 4\frac{2}{3} =$

15) $7\frac{1}{10} - 6\frac{3}{10} =$

16) $10\frac{1}{6} - 4\frac{3}{6} =$

1. _____

2. _____

3. _____

4. _____

5. _____

6. _____

7. _____

8. _____

9. _____

10. _____

11. _____

12. _____

13. _____

14. _____

15. _____

16. _____

1) $4\dfrac{1}{3} - 2\dfrac{2}{3} =$

2) $5\dfrac{2}{7} - 3\dfrac{6}{7} =$

3) $4\dfrac{2}{8} - 3\dfrac{5}{8} =$

4) $5\dfrac{1}{3} - 3\dfrac{2}{3} =$

5) $9\dfrac{2}{10} - 3\dfrac{3}{10} =$

6) $10\dfrac{2}{7} - 9\dfrac{3}{7} =$

7) $6\dfrac{2}{10} - 2\dfrac{5}{10} =$

8) $2\dfrac{1}{6} - 1\dfrac{2}{6} =$

9) $9\dfrac{2}{7} - 1\dfrac{3}{7} =$

10) $6\dfrac{6}{9} - 5\dfrac{7}{9} =$

11) $6\dfrac{1}{3} - 4\dfrac{2}{3} =$

12) $5\dfrac{4}{6} - 2\dfrac{5}{6} =$

13) $7\dfrac{1}{10} - 5\dfrac{2}{10} =$

14) $5\dfrac{1}{4} - 1\dfrac{3}{4} =$

15) $6\dfrac{2}{10} - 5\dfrac{4}{10} =$

16) $7\dfrac{3}{7} - 2\dfrac{5}{7} =$

1. _____
2. _____
3. _____
4. _____
5. _____
6. _____
7. _____
8. _____
9. _____
10. _____
11. _____
12. _____
13. _____
14. _____
15. _____
16. _____

**45**

1) $10\dfrac{1}{4} - 2\dfrac{2}{4} =$

2) $4\dfrac{6}{9} - 1\dfrac{8}{9} =$

3) $9\dfrac{1}{3} - 5\dfrac{2}{3} =$

4) $8\dfrac{1}{6} - 6\dfrac{4}{6} =$

5) $6\dfrac{2}{8} - 1\dfrac{5}{8} =$

6) $3\dfrac{1}{8} - 2\dfrac{6}{8} =$

7) $6\dfrac{2}{9} - 5\dfrac{6}{9} =$

8) $10\dfrac{1}{7} - 7\dfrac{5}{7} =$

9) $8\dfrac{1}{3} - 2\dfrac{2}{3} =$

10) $2\dfrac{1}{5} - 1\dfrac{3}{5} =$

11) $4\dfrac{1}{4} - 1\dfrac{2}{4} =$

12) $6\dfrac{1}{6} - 1\dfrac{2}{6} =$

13) $6\dfrac{3}{10} - 5\dfrac{7}{10} =$

14) $8\dfrac{1}{8} - 2\dfrac{2}{8} =$

15) $3\dfrac{1}{6} - 2\dfrac{4}{6} =$

16) $8\dfrac{2}{7} - 2\dfrac{3}{7} =$

1. _____
2. _____
3. _____
4. _____
5. _____
6. _____
7. _____
8. _____
9. _____
10. _____
11. _____
12. _____
13. _____
14. _____
15. _____
16. _____

1) $8\frac{1}{4} - 7\frac{2}{4} =$

2) $7\frac{2}{5} - 4\frac{4}{5} =$

3) $8\frac{4}{8} - 3\frac{6}{8} =$

4) $7\frac{3}{9} - 5\frac{5}{9} =$

5) $2\frac{2}{5} - 1\frac{3}{5} =$

6) $5\frac{2}{10} - 1\frac{3}{10} =$

7) $2\frac{1}{7} - 1\frac{2}{7} =$

8) $9\frac{2}{4} - 5\frac{3}{4} =$

9) $2\frac{7}{9} - 1\frac{8}{9} =$

10) $9\frac{1}{8} - 1\frac{5}{8} =$

11) $2\frac{1}{8} - 1\frac{2}{8} =$

12) $2\frac{4}{10} - 1\frac{8}{10} =$

13) $5\frac{1}{3} - 4\frac{2}{3} =$

14) $10\frac{3}{10} - 7\frac{7}{10} =$

15) $10\frac{1}{4} - 5\frac{2}{4} =$

16) $4\frac{2}{5} - 2\frac{4}{5} =$

1. _____
2. _____
3. _____
4. _____
5. _____
6. _____
7. _____
8. _____
9. _____
10. _____
11. _____
12. _____
13. _____
14. _____
15. _____
16. _____

**47**

1) $2\frac{1}{4} - 1\frac{2}{4} =$

2) $7\frac{1}{3} - 6\frac{2}{3} =$

3) $9\frac{1}{8} - 7\frac{4}{8} =$

4) $8\frac{1}{6} - 1\frac{4}{6} =$

5) $10\frac{1}{3} - 2\frac{2}{3} =$

6) $8\frac{3}{7} - 7\frac{4}{7} =$

7) $5\frac{4}{8} - 4\frac{5}{8} =$

8) $8\frac{1}{8} - 6\frac{2}{8} =$

9) $10\frac{1}{6} - 5\frac{2}{6} =$

10) $7\frac{1}{4} - 3\frac{2}{4} =$

11) $4\frac{1}{7} - 2\frac{5}{7} =$

12) $4\frac{1}{7} - 2\frac{2}{7} =$

13) $7\frac{3}{6} - 6\frac{4}{6} =$

14) $4\frac{1}{4} - 1\frac{3}{4} =$

15) $2\frac{1}{5} - 1\frac{2}{5} =$

16) $5\frac{1}{5} - 3\frac{3}{5} =$

1. _____
2. _____
3. _____
4. _____
5. _____
6. _____
7. _____
8. _____
9. _____
10. _____
11. _____
12. _____
13. _____
14. _____
15. _____
16. _____

1) $7\frac{2}{10} - 6\frac{3}{10} =$

2) $2\frac{1}{4} - 1\frac{3}{4} =$

3) $7\frac{1}{6} - 6\frac{2}{6} =$

4) $6\frac{3}{10} - 5\frac{4}{10} =$

5) $2\frac{1}{3} - 1\frac{2}{3} =$

6) $10\frac{5}{9} - 4\frac{7}{9} =$

7) $9\frac{1}{8} - 8\frac{2}{8} =$

8) $7\frac{2}{5} - 4\frac{4}{5} =$

9) $4\frac{4}{7} - 1\frac{5}{7} =$

10) $4\frac{3}{10} - 1\frac{7}{10} =$

11) $10\frac{1}{5} - 7\frac{3}{5} =$

12) $2\frac{4}{7} - 1\frac{6}{7} =$

13) $5\frac{1}{3} - 4\frac{2}{3} =$

14) $9\frac{2}{5} - 3\frac{3}{5} =$

15) $9\frac{1}{3} - 8\frac{2}{3} =$

16) $10\frac{1}{5} - 8\frac{3}{5} =$

1. _____
2. _____
3. _____
4. _____
5. _____
6. _____
7. _____
8. _____
9. _____
10. _____
11. _____
12. _____
13. _____
14. _____
15. _____
16. _____

**49**

1) $5\dfrac{1}{5} - 2\dfrac{2}{5} =$

2) $8\dfrac{1}{5} - 2\dfrac{3}{5} =$

3) $4\dfrac{1}{5} - 2\dfrac{4}{5} =$

4) $4\dfrac{1}{8} - 3\dfrac{5}{8} =$

5) $7\dfrac{4}{8} - 3\dfrac{7}{8} =$

6) $6\dfrac{1}{6} - 5\dfrac{4}{6} =$

7) $2\dfrac{3}{6} - 1\dfrac{4}{6} =$

8) $10\dfrac{1}{6} - 6\dfrac{4}{6} =$

9) $6\dfrac{1}{3} - 3\dfrac{2}{3} =$

10) $5\dfrac{1}{5} - 2\dfrac{4}{5} =$

11) $2\dfrac{2}{4} - 1\dfrac{3}{4} =$

12) $10\dfrac{1}{3} - 7\dfrac{2}{3} =$

13) $2\dfrac{2}{10} - 1\dfrac{4}{10} =$

14) $10\dfrac{3}{8} - 7\dfrac{7}{8} =$

15) $3\dfrac{5}{10} - 2\dfrac{9}{10} =$

16) $7\dfrac{2}{10} - 3\dfrac{9}{10} =$

1. _____
2. _____
3. _____
4. _____
5. _____
6. _____
7. _____
8. _____
9. _____
10. _____
11. _____
12. _____
13. _____
14. _____
15. _____
16. _____

1) $9\frac{5}{9} - 4\frac{7}{9} =$

2) $10\frac{4}{8} - 1\frac{6}{8} =$

3) $7\frac{1}{8} - 2\frac{3}{8} =$

4) $8\frac{1}{8} - 1\frac{2}{8} =$

5) $7\frac{1}{3} - 6\frac{2}{3} =$

6) $6\frac{2}{8} - 5\frac{6}{8} =$

7) $7\frac{1}{5} - 3\frac{3}{5} =$

8) $3\frac{2}{7} - 1\frac{3}{7} =$

9) $8\frac{5}{10} - 1\frac{9}{10} =$

10) $6\frac{1}{3} - 2\frac{2}{3} =$

11) $3\frac{5}{10} - 2\frac{6}{10} =$

12) $3\frac{2}{4} - 2\frac{3}{4} =$

13) $3\frac{2}{5} - 2\frac{3}{5} -$

14) $10\frac{1}{8} - 8\frac{2}{8} =$

15) $2\frac{3}{7} - 1\frac{5}{7} =$

16) $6\frac{1}{8} - 2\frac{7}{8} =$

1. _____

2. _____

3. _____

4. _____

5. _____

6. _____

7. _____

8. _____

9. _____

10. _____

11. _____

12. _____

13. _____

14. _____

15. _____

16. _____

# Corrisponde a ciascuna equazione e scrivi la risposta. Il primo è fatto per te.

**Ex)** $\frac{1}{4} + \frac{1}{4}$

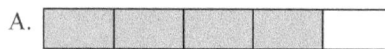

A.

**1)** $\frac{1}{6} + \frac{1}{6}$

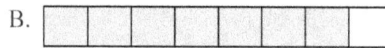

B.

**2)** $\frac{1}{4} + \frac{1}{4} + \frac{1}{4}$

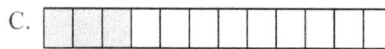

C.

**3)** $\frac{1}{12} + \frac{1}{12} + \frac{1}{12}$

Đ.

**4)** $\frac{1}{5} + \frac{1}{5} + \frac{1}{5} + \frac{1}{5}$

E.

**5)** $\frac{1}{10} + \frac{1}{10} + \frac{1}{10} + \frac{1}{10} + \frac{1}{10} + \frac{1}{10} + \frac{1}{10}$

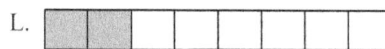

F.

**6)** $\frac{1}{12} + \frac{1}{12} + \frac{1}{12} + \frac{1}{12}$

G.

**7)** $\frac{1}{5} + \frac{1}{5} + \frac{1}{5}$

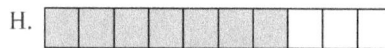

H.

**8)** $\frac{1}{5} + \frac{1}{5}$

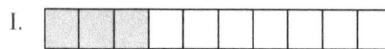

I.

**9)** $\frac{1}{6} + \frac{1}{6} + \frac{1}{6} + \frac{1}{6} + \frac{1}{6}$

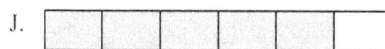

J.

**10)** $\frac{1}{3} + \frac{1}{3}$

K.

**11)** $\frac{1}{10} + \frac{1}{10} + \frac{1}{10} + \frac{1}{10} + \frac{1}{10}$

L.

**12)** $\frac{1}{12} + \frac{1}{12} + \frac{1}{12} + \frac{1}{12} + \frac{1}{12} + \frac{1}{12}$

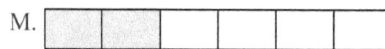

M.

**13)** $\frac{1}{10} + \frac{1}{10} + \frac{1}{10}$

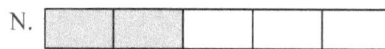

N.

**14)** $\frac{1}{8} + \frac{1}{8}$

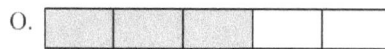

O.

**15)** $\frac{1}{8} + \frac{1}{8} + \frac{1}{8} + \frac{1}{8} + \frac{1}{8} + \frac{1}{8} + \frac{1}{8}$

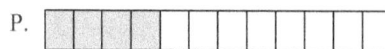

P.

Ex.    D    $\frac{2}{4}$

1. _____

2. _____

3. _____

4. _____

5. _____

6. _____

7. _____

8. _____

9. _____

10. _____

11. _____

12. _____

13. _____

14. _____

15. _____

**Ex)** $\frac{1}{10} + \frac{1}{10}$

**1)** $\frac{1}{3} + \frac{1}{3}$

**2)** $\frac{1}{5} + \frac{1}{5} + \frac{1}{5}$

**3)** $\frac{1}{6} + \frac{1}{6}$

**4)** $\frac{1}{4} + \frac{1}{4} + \frac{1}{4}$

**5)** $\frac{1}{10} + \frac{1}{10} + \frac{1}{10} + \frac{1}{10} + \frac{1}{10}$

**6)** $\frac{1}{12} + \frac{1}{12} + \frac{1}{12} + \frac{1}{12}$

**7)** $\frac{1}{6} + \frac{1}{6} + \frac{1}{6} + \frac{1}{6}$

**8)** $\frac{1}{12} + \frac{1}{12} + \frac{1}{12} + \frac{1}{12} + \frac{1}{12} + \frac{1}{12}$

**9)** $\frac{1}{10} + \frac{1}{10} + \frac{1}{10} + \frac{1}{10} + \frac{1}{10} + \frac{1}{10}$

**10)** $\frac{1}{8} + \frac{1}{8} + \frac{1}{8} + \frac{1}{8} + \frac{1}{8}$

**11)** $\frac{1}{12} + \frac{1}{12} + \frac{1}{12}$

**12)** $\frac{1}{12} + \frac{1}{12} + \frac{1}{12} + \frac{1}{12} + \frac{1}{12}$

**13)** $\frac{1}{5} + \frac{1}{5}$

**14)** $\frac{1}{4} + \frac{1}{4}$

**15)** $\frac{1}{8} + \frac{1}{8}$

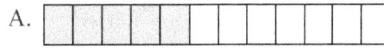

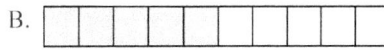

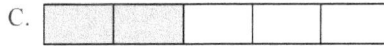

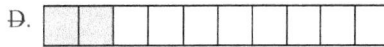

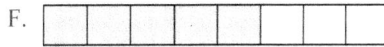

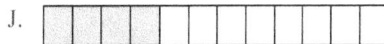

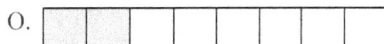

A.

B.

C.

Đ.

E.

F.

G.

H.

Ì.

J.

K.

L.

M.

N.

O.

P.

Ex. _____ D _____ $\frac{2}{10}$

1. _____

2. _____

3. _____

4. _____

5. _____

6. _____

7. _____

8. _____

9. _____

10. _____

11. _____

12. _____

13. _____

14. _____

15. _____

**Ex)** $\frac{1}{3} + \frac{1}{3}$

A.

**1)** $\frac{1}{6} + \frac{1}{6} + \frac{1}{6}$

B.

**2)** $\frac{1}{8} + \frac{1}{8} + \frac{1}{8} + \frac{1}{8}$

C.

**3)** $\frac{1}{4} + \frac{1}{4}$

D.

**4)** $\frac{1}{5} + \frac{1}{5} + \frac{1}{5}$

E.

**5)** $\frac{1}{5} + \frac{1}{5}$

F.

**6)** $\frac{1}{12} + \frac{1}{12} + \frac{1}{12} + \frac{1}{12} + \frac{1}{12} + \frac{1}{12} + \frac{1}{12}$

G.

**7)** $\frac{1}{12} + \frac{1}{12} + \frac{1}{12} + \frac{1}{12} + \frac{1}{12} + \frac{1}{12}$

H.

**8)** $\frac{1}{6} + \frac{1}{6} + \frac{1}{6} + \frac{1}{6} + \frac{1}{6}$

I.

**9)** $\frac{1}{4} + \frac{1}{4} + \frac{1}{4}$

J.

**10)** $\frac{1}{10} + \frac{1}{10} + \frac{1}{10} + \frac{1}{10} + \frac{1}{10} + \frac{1}{10} + \frac{1}{10}$

K.

**11)** $\frac{1}{8} + \frac{1}{8} + \frac{1}{8} + \frac{1}{8} + \frac{1}{8} + \frac{1}{8} + \frac{1}{8}$

L.

**12)** $\frac{1}{5} + \frac{1}{5} + \frac{1}{5} + \frac{1}{5}$

M.

**13)** $\frac{1}{12} + \frac{1}{12} + \frac{1}{12} + \frac{1}{12}$

N.

**14)** $\frac{1}{12} + \frac{1}{12} + \frac{1}{12}$

O.

**15)** $\frac{1}{6} + \frac{1}{6} + \frac{1}{6} + \frac{1}{6}$

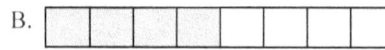

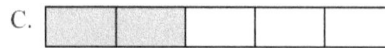

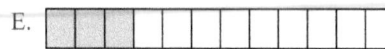

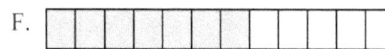

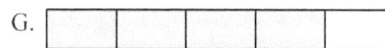

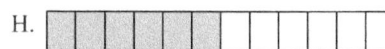

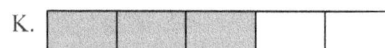

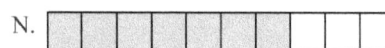

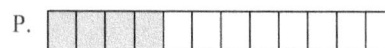

P.

Ex. _____ J $\frac{2}{3}$

1. _____

2. _____

3. _____

4. _____

5. _____

6. _____

7. _____

8. _____

9. _____

10. _____

11. _____

12. _____

13. _____

14. _____

15. _____

**Ex)** $\frac{1}{4} + \frac{1}{4}$

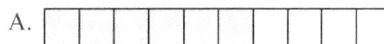

**1)** $\frac{1}{8} + \frac{1}{8} + \frac{1}{8} + \frac{1}{8} + \frac{1}{8}$

**2)** $\frac{1}{6} + \frac{1}{6}$

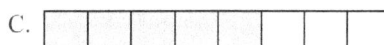

**3)** $\frac{1}{10} + \frac{1}{10} + \frac{1}{10} + \frac{1}{10} + \frac{1}{10} + \frac{1}{10}$

**4)** $\frac{1}{8} + \frac{1}{8} + \frac{1}{8} + \frac{1}{8}$

**5)** $\frac{1}{12} + \frac{1}{12} + \frac{1}{12} + \frac{1}{12} + \frac{1}{12} + \frac{1}{12}$

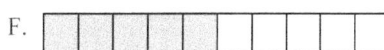

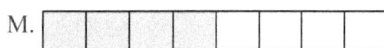

**6)** $\frac{1}{10} + \frac{1}{10} + \frac{1}{10} + \frac{1}{10} + \frac{1}{10} + \frac{1}{10} + \frac{1}{10}$

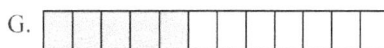

**7)** $\frac{1}{10} + \frac{1}{10} + \frac{1}{10} + \frac{1}{10} + \frac{1}{10}$

**8)** $\frac{1}{4} + \frac{1}{4} + \frac{1}{4}$

**9)** $\frac{1}{5} + \frac{1}{5} + \frac{1}{5}$

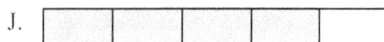

**10)** $\frac{1}{12} + \frac{1}{12} + \frac{1}{12}$

**11)** $\frac{1}{6} + \frac{1}{6} + \frac{1}{6} + \frac{1}{6} + \frac{1}{6}$

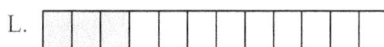

**12)** $\frac{1}{12} + \frac{1}{12} + \frac{1}{12} + \frac{1}{12} + \frac{1}{12}$

**13)** $\frac{1}{10} + \frac{1}{10}$

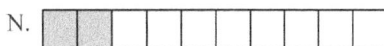

**14)** $\frac{1}{5} + \frac{1}{5} + \frac{1}{5} + \frac{1}{5}$

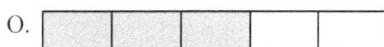

**15)** $\frac{1}{3} + \frac{1}{3}$

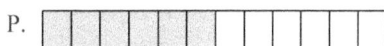

A.

B.

C.

D.

E.

F.

G.

H.

I.

J.

K.

L.

M.

N.

O.

P.

Ex. _____E_____ $\frac{2}{4}$

1. _____

2. _____

3. _____

4. _____

5. _____

6. _____

7. _____

8. _____

9. _____

10. _____

11. _____

12. _____

13. _____

14. _____

15. _____

**Ex)** $\frac{1}{8} + \frac{1}{8} + \frac{1}{8}$

A.

**1)** $\frac{1}{5} + \frac{1}{5}$

B.

**2)** $\frac{1}{4} + \frac{1}{4}$

C.

**3)** $\frac{1}{12} + \frac{1}{12} + \frac{1}{12}$

D.

**4)** $\frac{1}{6} + \frac{1}{6} + \frac{1}{6} + \frac{1}{6}$

E.

**5)** $\frac{1}{10} + \frac{1}{10}$

F.

**6)** $\frac{1}{12} + \frac{1}{12} + \frac{1}{12} + \frac{1}{12} + \frac{1}{12} + \frac{1}{12}$

G.

**7)** $\frac{1}{5} + \frac{1}{5} + \frac{1}{5} + \frac{1}{5}$

H.

**8)** $\frac{1}{3} + \frac{1}{3}$

I.

**9)** $\frac{1}{12} + \frac{1}{12}$

J.

**10)** $\frac{1}{10} + \frac{1}{10} + \frac{1}{10} + \frac{1}{10} + \frac{1}{10} + \frac{1}{10}$

K.

**11)** $\frac{1}{10} + \frac{1}{10} + \frac{1}{10} + \frac{1}{10} + \frac{1}{10}$

L.

**12)** $\frac{1}{4} + \frac{1}{4} + \frac{1}{4}$

M.

**13)** $\frac{1}{8} + \frac{1}{8} + \frac{1}{8} + \frac{1}{8}$

N.

**14)** $\frac{1}{12} + \frac{1}{12} + \frac{1}{12} + \frac{1}{12} + \frac{1}{12}$

O.

**15)** $\frac{1}{8} + \frac{1}{8} + \frac{1}{8} + \frac{1}{8} + \frac{1}{8} + \frac{1}{8}$

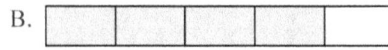

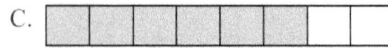

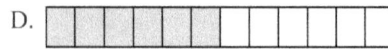

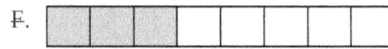

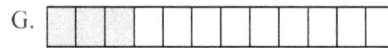

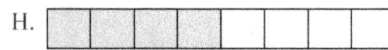

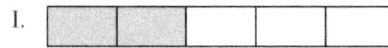

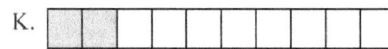

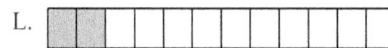

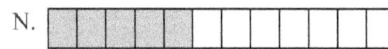

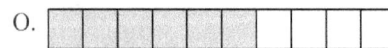

P.

Ex. ___ F ___ $\frac{3}{8}$

1. _____

2. _____

3. _____

4. _____

5. _____

6. _____

7. _____

8. _____

9. _____

10. _____

11. _____

12. _____

13. _____

14. _____

15. _____

**Ex)** $\frac{1}{3} + \frac{1}{3}$

**1)** $\frac{1}{5} + \frac{1}{5} + \frac{1}{5} + \frac{1}{5}$

**2)** $\frac{1}{8} + \frac{1}{8} + \frac{1}{8} + \frac{1}{8} + \frac{1}{8} + \frac{1}{8} + \frac{1}{8}$

**3)** $\frac{1}{8} + \frac{1}{8} + \frac{1}{8} + \frac{1}{8}$

**4)** $\frac{1}{10} + \frac{1}{10} + \frac{1}{10} + \frac{1}{10} + \frac{1}{10}$

**5)** $\frac{1}{12} + \frac{1}{12} + \frac{1}{12} + \frac{1}{12} + \frac{1}{12}$

**6)** $\frac{1}{4} + \frac{1}{4} + \frac{1}{4}$

**7)** $\frac{1}{10} + \frac{1}{10}$

**8)** $\frac{1}{6} + \frac{1}{6} + \frac{1}{6} + \frac{1}{6}$

**9)** $\frac{1}{12} + \frac{1}{12} + \frac{1}{12} + \frac{1}{12} + \frac{1}{12} + \frac{1}{12}$

**10)** $\frac{1}{10} + \frac{1}{10} + \frac{1}{10}$

**11)** $\frac{1}{12} + \frac{1}{12} + \frac{1}{12} + \frac{1}{12} + \frac{1}{12} + \frac{1}{12} + \frac{1}{12}$

**12)** $\frac{1}{10} + \frac{1}{10} + \frac{1}{10} + \frac{1}{10} + \frac{1}{10} + \frac{1}{10} + \frac{1}{10}$

**13)** $\frac{1}{8} + \frac{1}{8} + \frac{1}{8}$

**14)** $\frac{1}{5} + \frac{1}{5} + \frac{1}{5}$

**15)** $\frac{1}{6} + \frac{1}{6} + \frac{1}{6}$

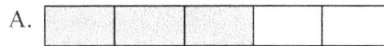

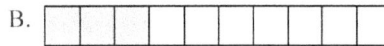

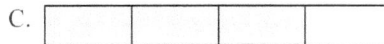

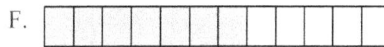

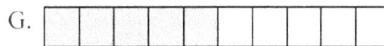

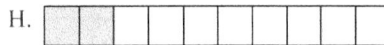

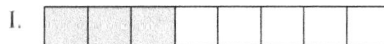

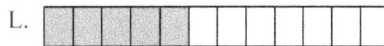

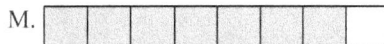

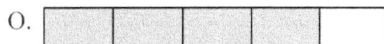

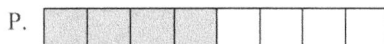

A. B. C. D. E. F. G. H. I. J. K. L. M. N. O. P.

Ex. D $\frac{2}{3}$

1. 2. 3. 4. 5. 6. 7. 8. 9. 10. 11. 12. 13. 14. 15.

**57**

**Ex)** $\frac{1}{6} + \frac{1}{6} + \frac{1}{6}$

**1)** $\frac{1}{12} + \frac{1}{12} + \frac{1}{12}$

**2)** $\frac{1}{3} + \frac{1}{3}$

**3)** $\frac{1}{8} + \frac{1}{8} + \frac{1}{8} + \frac{1}{8} + \frac{1}{8}$

**4)** $\frac{1}{12} + \frac{1}{12} + \frac{1}{12} + \frac{1}{12} + \frac{1}{12}$

**5)** $\frac{1}{8} + \frac{1}{8} + \frac{1}{8}$

**6)** $\frac{1}{8} + \frac{1}{8} + \frac{1}{8} + \frac{1}{8}$

**7)** $\frac{1}{4} + \frac{1}{4} + \frac{1}{4}$

**8)** $\frac{1}{5} + \frac{1}{5} + \frac{1}{5} + \frac{1}{5}$

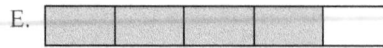

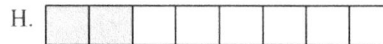

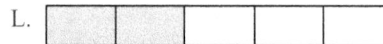

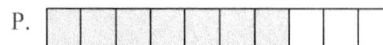

**9)** $\frac{1}{4} + \frac{1}{4}$

**10)** $\frac{1}{10} + \frac{1}{10} + \frac{1}{10} + \frac{1}{10} + \frac{1}{10} + \frac{1}{10} + \frac{1}{10}$

**11)** $\frac{1}{12} + \frac{1}{12}$

**12)** $\frac{1}{12} + \frac{1}{12} + \frac{1}{12} + \frac{1}{12} + \frac{1}{12} + \frac{1}{12}$

**13)** $\frac{1}{8} + \frac{1}{8}$

**14)** $\frac{1}{10} + \frac{1}{10} + \frac{1}{10} + \frac{1}{10}$

**15)** $\frac{1}{5} + \frac{1}{5}$

A.

B.

C.

D.

E.

F.

G.

H.

I.

J.

K.

L.

M.

N.

O.

P.

Ex. _____ G $\frac{3}{6}$

1. _____

2. _____

3. _____

4. _____

5. _____

6. _____

7. _____

8. _____

9. _____

10. _____

11. _____

12. _____

13. _____

14. _____

15. _____

**Ex)** $\frac{1}{8} + \frac{1}{8} + \frac{1}{8} + \frac{1}{8} + \frac{1}{8} + \frac{1}{8} + \frac{1}{8}$

**1)** $\frac{1}{6} + \frac{1}{6}$

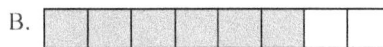

**2)** $\frac{1}{5} + \frac{1}{5}$

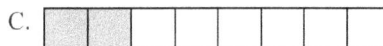

**3)** $\frac{1}{3} + \frac{1}{3}$

**4)** $\frac{1}{4} + \frac{1}{4}$

**5)** $\frac{1}{4} + \frac{1}{4} + \frac{1}{4}$

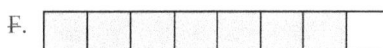

**6)** $\frac{1}{10} + \frac{1}{10} + \frac{1}{10} + \frac{1}{10} + \frac{1}{10}$

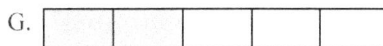

**7)** $\frac{1}{8} + \frac{1}{8}$

**8)** $\frac{1}{8} + \frac{1}{8} + \frac{1}{8} + \frac{1}{8} + \frac{1}{8} + \frac{1}{8}$

**9)** $\frac{1}{12} + \frac{1}{12} + \frac{1}{12} + \frac{1}{12} + \frac{1}{12} + \frac{1}{12} + \frac{1}{12}$

**10)** $\frac{1}{8} + \frac{1}{8} + \frac{1}{8} + \frac{1}{8} + \frac{1}{8}$

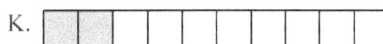

**11)** $\frac{1}{6} + \frac{1}{6} + \frac{1}{6}$

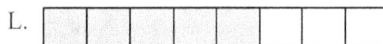

**12)** $\frac{1}{6} + \frac{1}{6} + \frac{1}{6} + \frac{1}{6}$

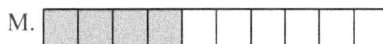

**13)** $\frac{1}{10} + \frac{1}{10}$

**14)** $\frac{1}{10} + \frac{1}{10} + \frac{1}{10} + \frac{1}{10}$

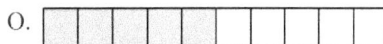

**15)** $\frac{1}{12} + \frac{1}{12} + \frac{1}{12}$

A.

B.

C.

D.

E.

F.

G.

H.

I.

J.

K.

L.

M.

N.

O.

P.

Ex. ___F___ $\frac{7}{8}$

1. _____

2. _____

3. _____

4. _____

5. _____

6. _____

7. _____

8. _____

9. _____

10. _____

11. _____

12. _____

13. _____

14. _____

15. _____

**Ex)** $\frac{1}{12} + \frac{1}{12} + \frac{1}{12} + \frac{1}{12} + \frac{1}{12} + \frac{1}{12} + \frac{1}{12}$

**1)** $\frac{1}{12} + \frac{1}{12} + \frac{1}{12} + \frac{1}{12} + \frac{1}{12} + \frac{1}{12}$

**2)** $\frac{1}{12} + \frac{1}{12} + \frac{1}{12} + \frac{1}{12} + \frac{1}{12}$

**3)** $\frac{1}{8} + \frac{1}{8} + \frac{1}{8} + \frac{1}{8} + \frac{1}{8}$

**4)** $\frac{1}{3} + \frac{1}{3}$

**5)** $\frac{1}{12} + \frac{1}{12} + \frac{1}{12} + \frac{1}{12}$

**6)** $\frac{1}{5} + \frac{1}{5} + \frac{1}{5}$

**7)** $\frac{1}{5} + \frac{1}{5}$

**8)** $\frac{1}{6} + \frac{1}{6} + \frac{1}{6} + \frac{1}{6} + \frac{1}{6}$

**9)** $\frac{1}{6} + \frac{1}{6} + \frac{1}{6} + \frac{1}{6}$

**10)** $\frac{1}{6} + \frac{1}{6} + \frac{1}{6}$

**11)** $\frac{1}{8} + \frac{1}{8} + \frac{1}{8} + \frac{1}{8}$

**12)** $\frac{1}{10} + \frac{1}{10} + \frac{1}{10}$

**13)** $\frac{1}{10} + \frac{1}{10} + \frac{1}{10} + \frac{1}{10}$

**14)** $\frac{1}{10} + \frac{1}{10}$

**15)** $\frac{1}{4} + \frac{1}{4}$

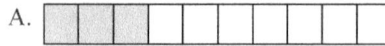

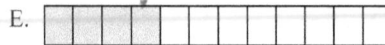

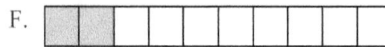

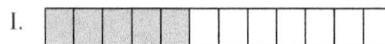

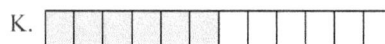

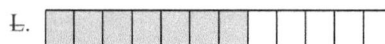

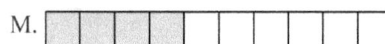

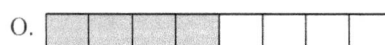

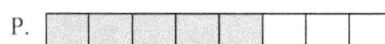

A. 
B. 
C. 
D. 
E. 
F. 
G. 
H. 
I. 
J. 
K. 
L. 
M. 
N. 
O. 
P. 

Ex. ___ L ___ $\frac{7}{12}$

1. _____
2. _____
3. _____
4. _____
5. _____
6. _____
7. _____
8. _____
9. _____
10. _____
11. _____
12. _____
13. _____
14. _____
15. _____

**Ex)** $\frac{1}{12} + \frac{1}{12} + \frac{1}{12}$

**1)** $\frac{1}{10} + \frac{1}{10} + \frac{1}{10} + \frac{1}{10} + \frac{1}{10} + \frac{1}{10}$

**2)** $\frac{1}{6} + \frac{1}{6} + \frac{1}{6} + \frac{1}{6}$

**3)** $\frac{1}{8} + \frac{1}{8} + \frac{1}{8} + \frac{1}{8}$

**4)** $\frac{1}{10} + \frac{1}{10} + \frac{1}{10}$

**5)** $\frac{1}{3} + \frac{1}{3}$

**6)** $\frac{1}{4} + \frac{1}{4} + \frac{1}{4}$

**7)** $\frac{1}{8} + \frac{1}{8} + \frac{1}{8} + \frac{1}{8} + \frac{1}{8} + \frac{1}{8}$

**8)** $\frac{1}{5} + \frac{1}{5} + \frac{1}{5}$

**9)** $\frac{1}{6} + \frac{1}{6}$

**10)** $\frac{1}{10} + \frac{1}{10} + \frac{1}{10} + \frac{1}{10} + \frac{1}{10} + \frac{1}{10} + \frac{1}{10}$

**11)** $\frac{1}{8} + \frac{1}{8} + \frac{1}{8} + \frac{1}{8} + \frac{1}{8} + \frac{1}{8} + \frac{1}{8}$

**12)** $\frac{1}{12} + \frac{1}{12} + \frac{1}{12} + \frac{1}{12}$

**13)** $\frac{1}{8} + \frac{1}{8}$

**14)** $\frac{1}{12} + \frac{1}{12}$

**15)** $\frac{1}{8} + \frac{1}{8} + \frac{1}{8}$

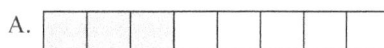

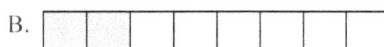

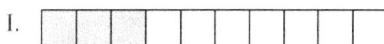

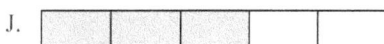

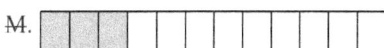

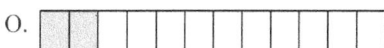

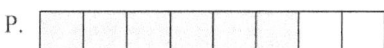

A.

B.

C.

D.

E.

F.

G.

H.

I.

J.

K.

L.

M.

N.

O.

P.

Ex. _____ M $\frac{3}{12}$

1. _____

2. _____

3. _____

4. _____

5. _____

6. _____

7. _____

8. _____

9. _____

10. _____

11. _____

12. _____

13. _____

14. _____

15. _____

# TASTO DI RISPOSTA

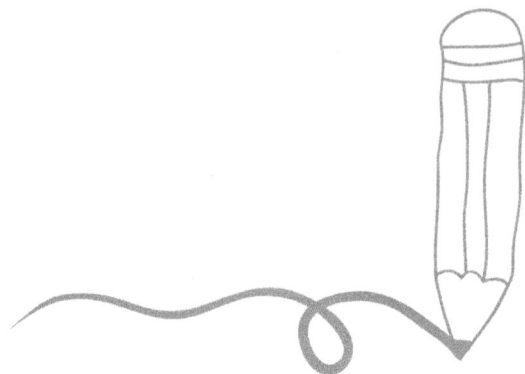

# 1

1)   2)   3) 

4)   5)   6) 

7)   8)   9) 

10)   11)   12) 

13)   14)   15) 

16)   17)   18) 

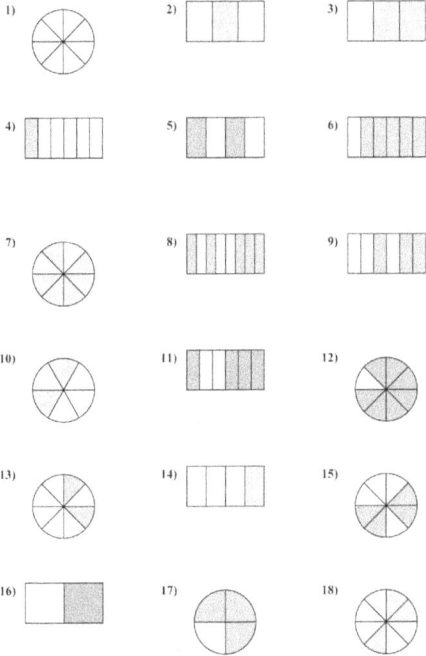

1. $\frac{1}{8}$
2. $\frac{1}{3}$
3. $\frac{2}{3}$
4. $\frac{1}{6}$
5. $\frac{2}{4}$
6. $\frac{5}{6}$
7. $\frac{6}{8}$
8. $\frac{5}{8}$
9. $\frac{3}{6}$
10. $\frac{2}{6}$
11. $\frac{4}{6}$
12. $\frac{7}{8}$
13. $\frac{2}{8}$
14. $\frac{1}{4}$
15. $\frac{4}{8}$
16. $\frac{1}{2}$
17. $\frac{3}{4}$
18. $\frac{3}{8}$

# 2

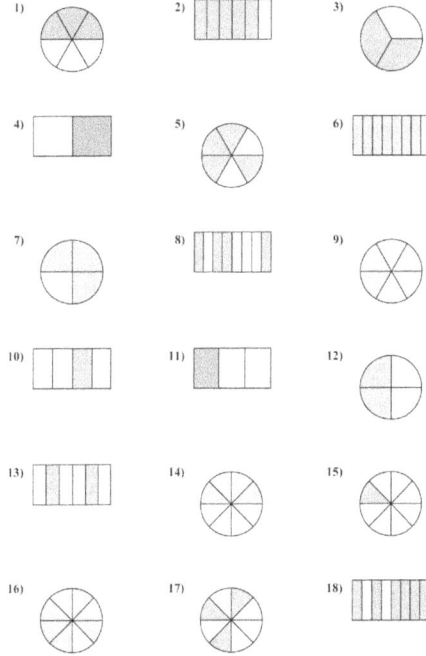

1. $\frac{3}{6}$
2. $\frac{5}{6}$
3. $\frac{2}{3}$
4. $\frac{1}{2}$
5. $\frac{4}{6}$
6. $\frac{7}{8}$
7. $\frac{3}{4}$
8. $\frac{4}{8}$
9. $\frac{1}{6}$
10. $\frac{1}{4}$
11. $\frac{1}{3}$
12. $\frac{2}{4}$
13. $\frac{2}{6}$
14. $\frac{2}{8}$
15. $\frac{1}{8}$
16. $\frac{5}{8}$
17. $\frac{3}{8}$
18. $\frac{6}{8}$

# 3

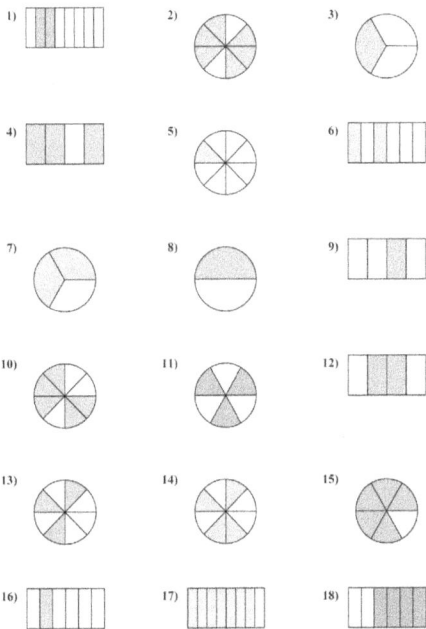

1. _____
2. _____
3. _____
4. _____
5. _____
6. _____
7. _____
8. _____
9. _____
10. _____
11. _____
12. _____
13. _____
14. _____
15. _____
16. _____
17. _____
18. _____

# 4

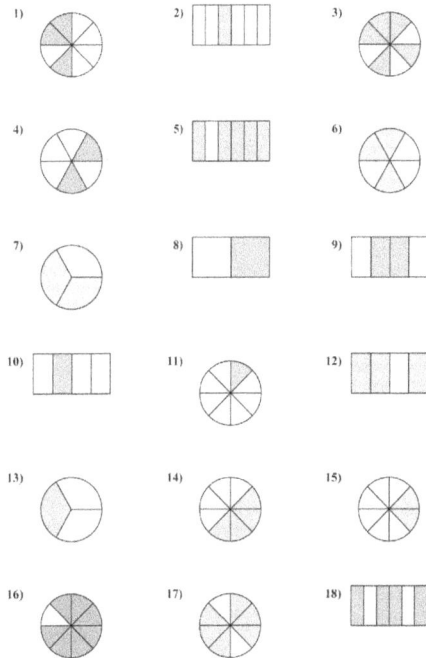

1. $\frac{3}{8}$
2. $\frac{1}{6}$
3. $\frac{5}{8}$
4. $\frac{2}{6}$
5. $\frac{5}{6}$
6. $\frac{3}{6}$
7. $\frac{2}{3}$
8. $\frac{1}{2}$
9. $\frac{2}{4}$
10. $\frac{1}{4}$
11. $\frac{1}{8}$
12. $\frac{3}{4}$
13. $\frac{1}{3}$
14. $\frac{4}{8}$
15. $\frac{2}{8}$
16. $\frac{7}{8}$
17. $\frac{6}{8}$
18. $\frac{4}{6}$

# 5

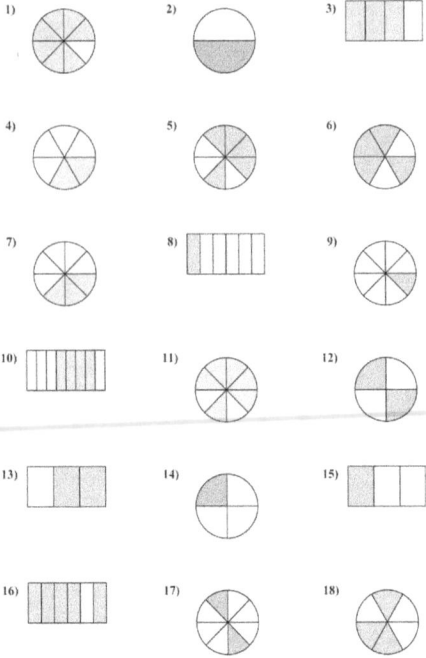

1. 7/8
2. 1/2
3. 3/4
4. 1/6
5. 5/8
6. 4/6
7. 3/8
8. 1/6
9. 1/8
10. 4/8
11. 6/8
12. 2/4
13. 2/3
14. 1/4
15. 1/3
16. 5/6
17. 2/8
18. 3/6

# 6

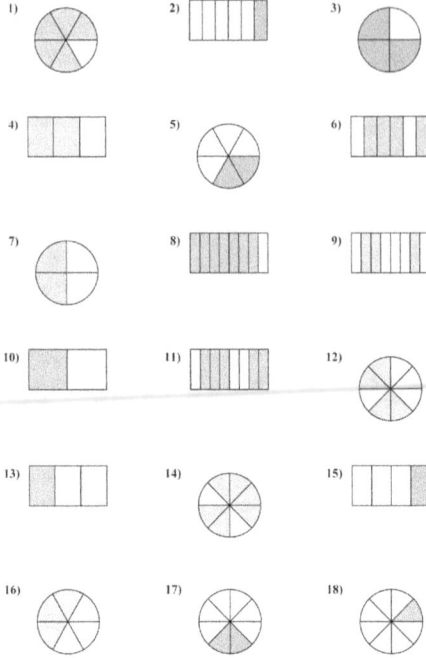

1. 5/6
2. 1/6
3. 3/4
4. 2/3
5. 2/6
6. 4/6
7. 2/4
8. 7/8
9. 3/8
10. 1/2
11. 8/8
12. 4/8
13. 1/3
14. 6/8
15. 1/4
16. 3/6
17. 2/8
18. 1/8

# 7

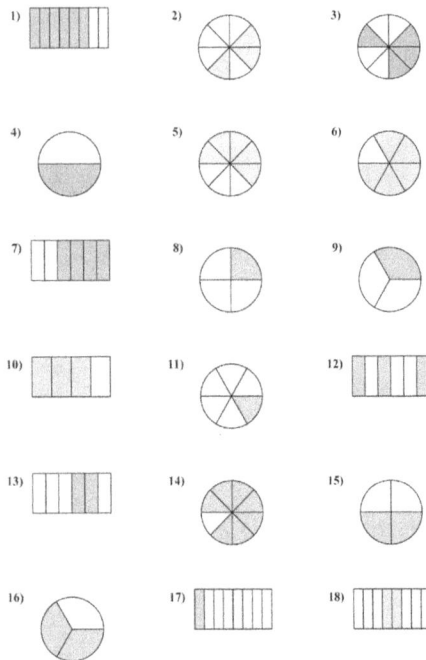

1. 6/8
2. 3/8
3. 4/8
4. 1/2
5. 5/8
6. 5/6
7. 4/6
8. 1/4
9. 1/3
10. 3/4
11. 1/6
12. 3/6
13. 2/6
14. 7/8
15. 2/4
16. 2/3
17. 1/8
18. 2/8

# 8

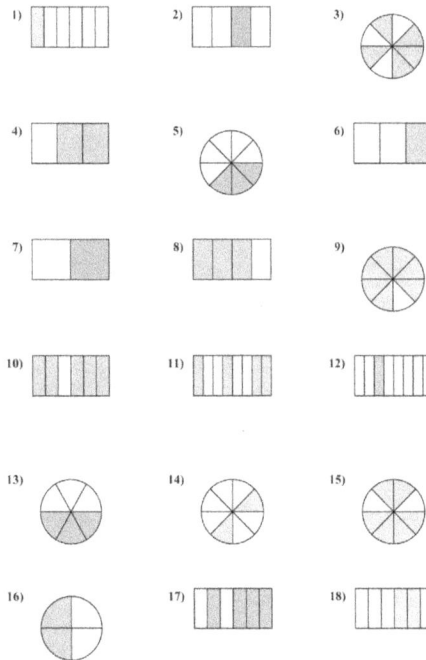

1. 1/6
2. 1/4
3. 5/8
4. 2/3
5. 3/8
6. 1/3
7. 1/2
8. 3/4
9. 7/8
10. 5/6
11. 4/8
12. 1/8
13. 3/6
14. 2/8
15. 6/8
16. 2/4
17. 4/6
18. 2/6

## 9

1) 2) 3)

4) 5) 6)

7) 8) 9)

10) 11) 12)

13) 14) 15)

16) 17) 18)

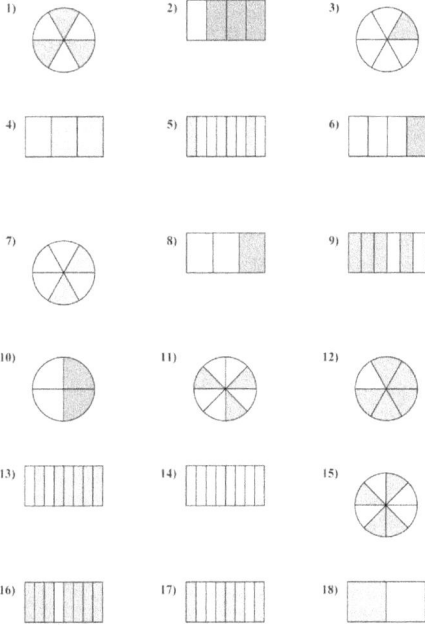

1. $\frac{3}{6}$
2. $\frac{3}{4}$
3. $\frac{1}{6}$
4. $\frac{2}{3}$
5. $\frac{2}{8}$
6. $\frac{1}{4}$
7. $\frac{2}{6}$
8. $\frac{1}{3}$
9. $\frac{4}{6}$
10. $\frac{2}{4}$
11. $\frac{3}{8}$
12. $\frac{5}{6}$
13. $\frac{6}{8}$
14. $\frac{1}{8}$
15. $\frac{4}{8}$
16. $\frac{7}{8}$
17. $\frac{5}{8}$
18. $\frac{1}{2}$

## 10

1) 2) 3)

4) 5) 6)

7) 8) 9)

10) 11) 12)

13) 14) 15)

16) 17) 18)

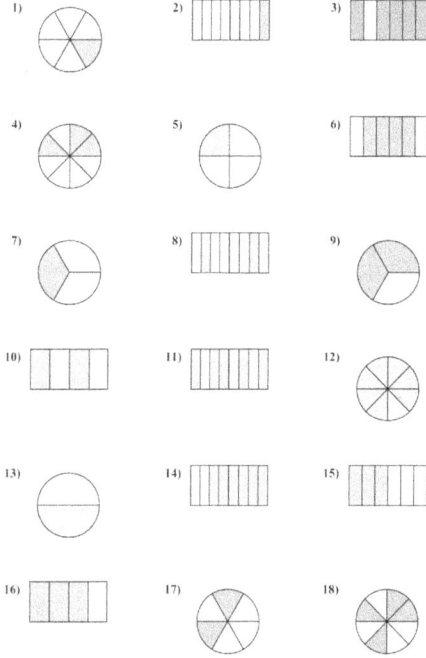

1. $\frac{1}{6}$
2. $\frac{1}{8}$
3. $\frac{5}{6}$
4. $\frac{3}{8}$
5. $\frac{1}{4}$
6. $\frac{4}{6}$
7. $\frac{1}{3}$
8. $\frac{2}{8}$
9. $\frac{2}{3}$
10. $\frac{2}{4}$
11. $\frac{5}{8}$
12. $\frac{7}{8}$
13. $\frac{1}{2}$
14. $\frac{6}{8}$
15. $\frac{3}{6}$
16. $\frac{3}{4}$
17. $\frac{7}{6}$
18. $\frac{4}{8}$

## 11

1) a. b. c. d.

2) a. b. c. d.

3) a. b. c. d.

4) a. b. c. d.

5) a. b. c. d.

6) a. b. c. d.

7) a. b. c. d.

8) a. b. c. d.

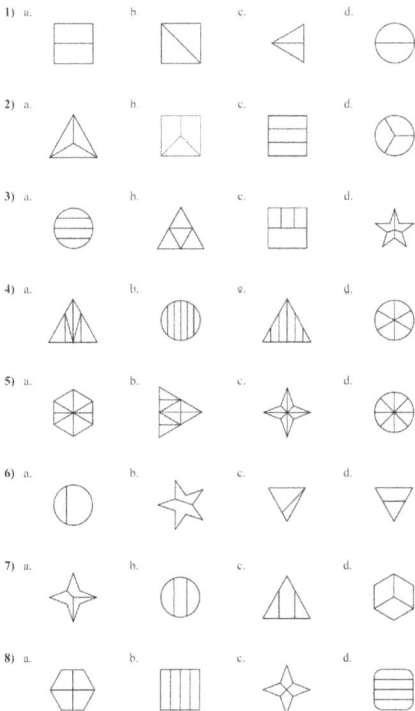

1. A,B,C,D
2. A,C,D
3. B
4. D
5. B,C,D
6. none
7. D
8. A,B,C

## 12

1) a. b. c. d.

2) a. b. c. d.

3) a. b. c. d.

4) a. b. c. d.

5) a. b. c. d.

6) a. b. c. d.

7) a. b. c. d.

8) a. b. c. d.

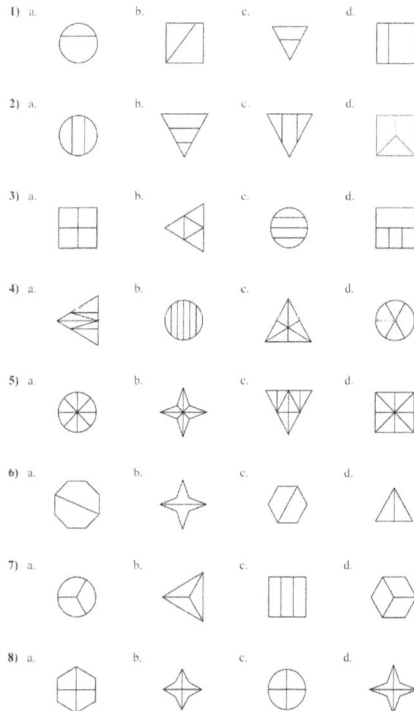

1. none
2. none
3. A,B
4. C,D
5. A,B,C,D
6. A,B,C,D
7. A,B,C,D
8. A,B,C,D

**13**

1) a.  b.  c.  d.

2) a.  b.  c.  d.

3) a.  b.  c.  d.

4) a.  b.  c.  d.

5) a.  b.  c.  d.

6) a.  b.  c.  d.

7) a.  b.  c.  d.

8) a.  b.  c.  d.

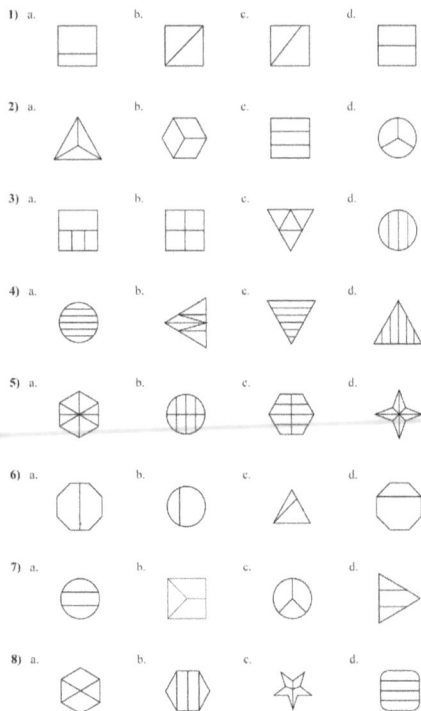

1. B,D
2. A,B,C,D
3. B,C
4. none
5. D
6. A
7. none
8. none

**14**

1) a.  b.  c.  d.

2) a.  b.  c.  d.

3) a.  b.  c.  d.

4) a.  b.  c.  d.

5) a.  b.  c.  d.

6) a.  b.  c.  d.

7) a.  b.  c.  d.

8) a.  b.  c.  d.

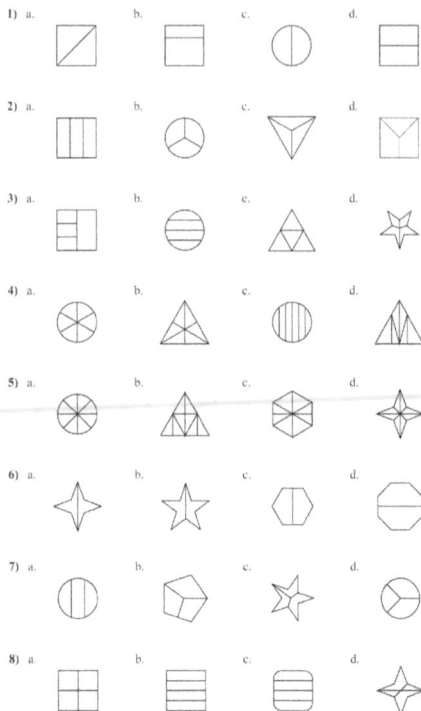

1. A,C,D
2. A,B,C
3. C
4. A,B
5. A,B,D
6. A,B,C,D
7. none
8. A,B

**15**

1) a.  b.  c.  d.

2) a.  b.  c.  d.

3) a.  b.  c.  d.

4) a.  b.  c.  d.

5) a.  b.  c.  d.

6) a.  b.  c.  d.

7) a.  b.  c.  d.

8) a.  b.  c.  d.

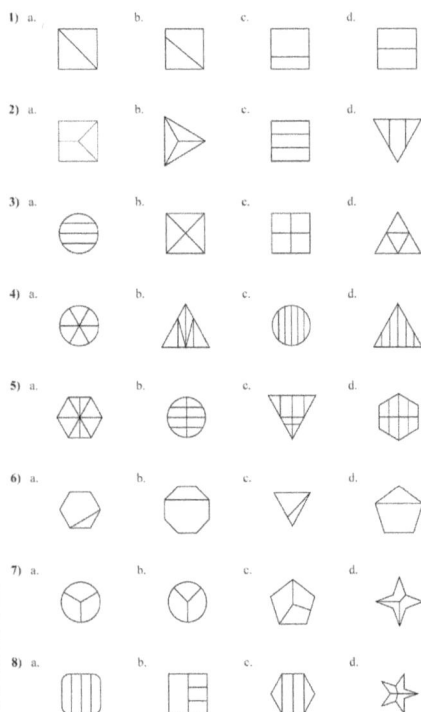

1. A,D
2. B,C
3. B,C,D
4. A
5. none
6. none
7. A
8. none

**16**

1) a.  b.  c.  d.

2) a.  b.  c.  d.

3) a.  b.  c.  d.

4) a.  b.  c.  d.

5) a.  b.  c.  d.

6) a.  b.  c.  d.

7) a.  b.  c.  d.

8) a.  b.  c.  d.

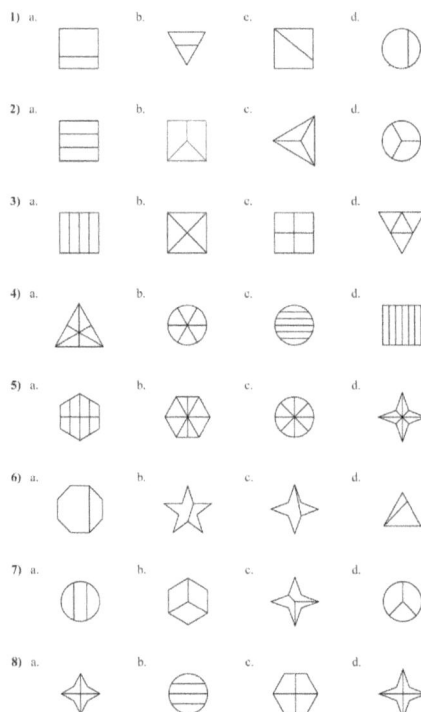

1. none
2. A,C,D
3. A,B,C,D
4. A,B,D
5. C,D
6. none
7. B
8. A,C,D

**17**

1) a.　b.　c.　d.

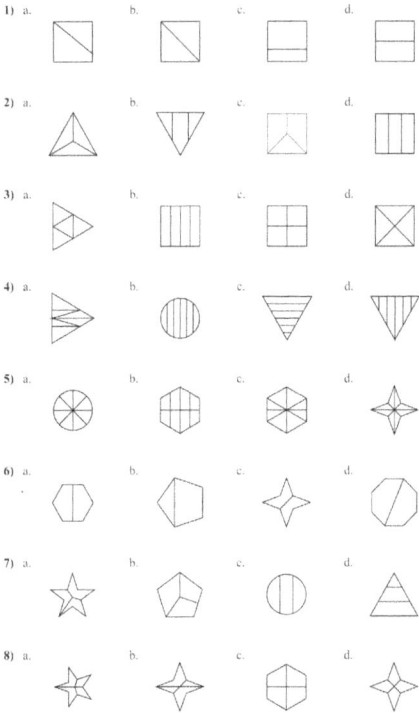

| 1. | B,D |
| 2. | A,D |
| 3. | A,B,C,D |
| 4. | none |
| 5. | A,D |
| 6. | A,C,D |
| 7. | none |
| 8. | C,D |

2) a.　b.　c.　d.

3) a.　b.　c.　d.

4) a.　b.　c.　d.

5) a.　b.　c.　d.

6) a.　b.　c.　d.

7) a.　b.　c.　d.

8) a.　b.　c.　d.

**18**

1) a.　b.　c.　d.

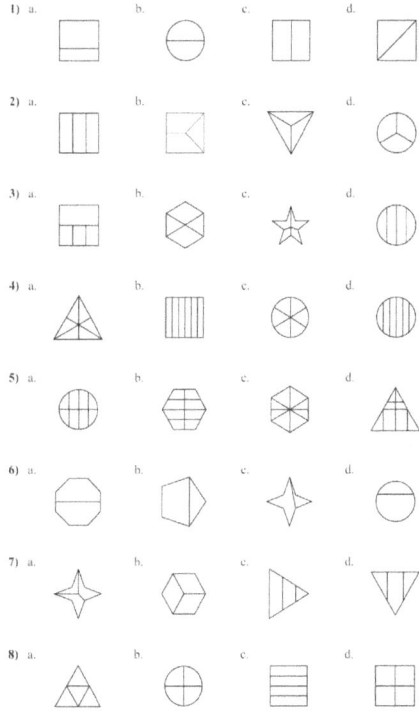

| 1. | B,C,D |
| 2. | A,C,D |
| 3. | none |
| 4. | A,B,C |
| 5. | none |
| 6. | A |
| 7. | B |
| 8. | A,B,C,D |

2) a.　b.　c.　d.

3) a.　b.　c.　d.

4) a.　b.　c.　d.

5) a.　b.　c.　d.

6) a.　b.　c.　d.

7) a.　b.　c.　d.

8) a.　b.　c.　d.

**19**

1) a.　b.　c.　d.

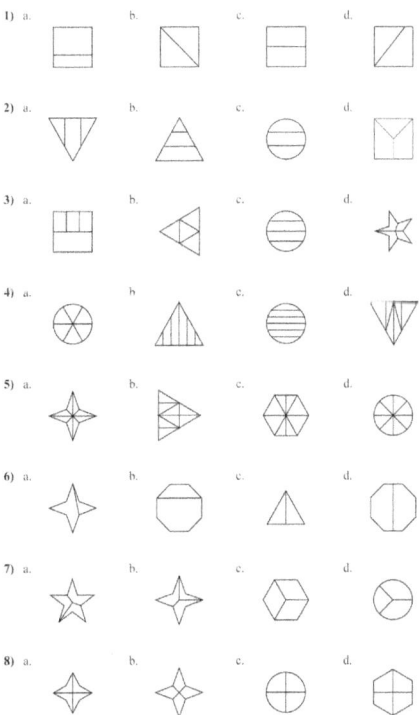

| 1. | B,C |
| 2. | none |
| 3. | B |
| 4. | A |
| 5. | A,B,D |
| 6. | C,D |
| 7. | C |
| 8. | A,B,C,D |

2) a.　b.　c.　d.

3) a.　b.　c.　d.

4) a.　b.　c.　d.

5) a.　b.　c.　d.

6) a.　b.　c.　d.

7) a.　b.　c.　d.

8) a.　b.　c.　d.

**20**

1) a.　b.　c.　d.

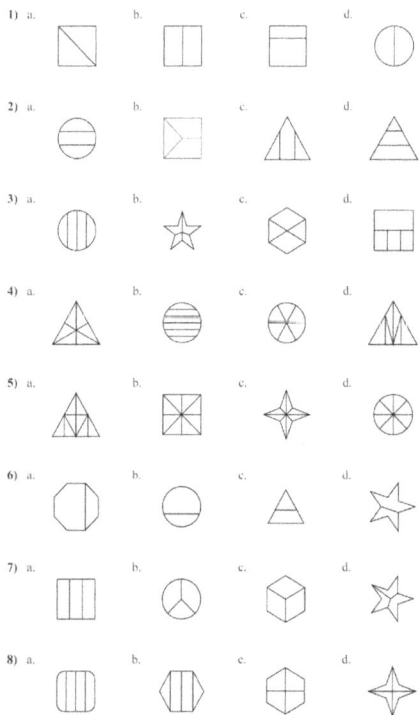

| 1. | A,B,D |
| 2. | none |
| 3. | none |
| 4. | A,C |
| 5. | A,B,C,D |
| 6. | none |
| 7. | A,C |
| 8. | C,D |

2) a.　b.　c.　d.

3) a.　b.　c.　d.

4) a.　b.　c.　d.

5) a.　b.　c.　d.

6) a.　b.　c.　d.

7) a.　b.　c.　d.

8) a.　b.　c.　d.

## 21

1) $\dfrac{8}{8}$  2) $\dfrac{0}{7}$  3) $\dfrac{0}{8}$  4) $\dfrac{6}{12}$

5) $\dfrac{5}{10}$  6) $\dfrac{3}{3}$  7) $\dfrac{0}{6}$  8) $\dfrac{0}{4}$

9) $\dfrac{9}{18}$  10) $\dfrac{0}{2}$  11) $\dfrac{3}{6}$  12) $\dfrac{0}{9}$

13) $\dfrac{0}{5}$  14) $\dfrac{4}{4}$  15) $\dfrac{5}{5}$  16) $\dfrac{7}{7}$

17) $\dfrac{4}{8}$  18) $\dfrac{6}{6}$  19) $\dfrac{2}{2}$  20) $\dfrac{2}{4}$

1. 1
2. 0
3. 0
4. ½
5. ½
6. 1
7. 0
8. 0
9. ½
10. 0
11. ½
12. 0
13. 0
14. 1
15. 1
16. 1
17. ½
18. 1
19. 1
20. ½

## 22

1) $\dfrac{0}{7}$  2) $\dfrac{3}{3}$  3) $\dfrac{5}{5}$  4) $\dfrac{8}{16}$

5) $\dfrac{9}{18}$  6) $\dfrac{0}{4}$  7) $\dfrac{0}{6}$  8) $\dfrac{3}{6}$

9) $\dfrac{4}{8}$  10) $\dfrac{0}{2}$  11) $\dfrac{6}{6}$  12) $\dfrac{6}{12}$

13) $\dfrac{0}{3}$  14) $\dfrac{2}{2}$  15) $\dfrac{5}{10}$  16) $\dfrac{0}{8}$

17) $\dfrac{0}{5}$  18) $\dfrac{7}{14}$  19) $\dfrac{8}{8}$  20) $\dfrac{9}{9}$

1. 0
2. 1
3. 1
4. ½
5. ½
6. 0
7. 0
8. ½
9. ½
10. 0
11. 1
12. ½
13. 0
14. 1
15. ½
16. 0
17. 0
18. ½
19. 1
20. 1

## 23

1) $\dfrac{0}{2}$  2) $\dfrac{0}{4}$  3) $\dfrac{2}{2}$  4) $\dfrac{9}{18}$

5) $\dfrac{7}{7}$  6) $\dfrac{0}{7}$  7) $\dfrac{2}{4}$  8) $\dfrac{0}{5}$

9) $\dfrac{0}{6}$  10) $\dfrac{8}{8}$  11) $\dfrac{9}{9}$  12) $\dfrac{6}{12}$

13) $\dfrac{0}{8}$  14) $\dfrac{6}{6}$  15) $\dfrac{5}{10}$  16) $\dfrac{7}{14}$

17) $\dfrac{8}{16}$  18) $\dfrac{4}{4}$  19) $\dfrac{4}{8}$  20) $\dfrac{3}{3}$

1. 0
2. 0
3. 1
4. ½
5. 1
6. 0
7. ½
8. 0
9. 0
10. 1
11. 1
12. ½
13. 0
14. 1
15. ½
16. ½
17. ½
18. 1
19. ½
20. 1

## 24

1) $\dfrac{7}{14}$  2) $\dfrac{0}{3}$  3) $\dfrac{3}{3}$  4) $\dfrac{6}{6}$

5) $\dfrac{0}{5}$  6) $\dfrac{4}{8}$  7) $\dfrac{0}{2}$  8) $\dfrac{3}{6}$

9) $\dfrac{9}{9}$  10) $\dfrac{6}{12}$  11) $\dfrac{9}{18}$  12) $\dfrac{0}{8}$

13) $\dfrac{5}{10}$  14) $\dfrac{8}{16}$  15) $\dfrac{0}{6}$  16) $\dfrac{7}{7}$

17) $\dfrac{5}{5}$  18) $\dfrac{2}{2}$  19) $\dfrac{0}{7}$  20) $\dfrac{8}{8}$

1. ½
2. 0
3. 1
4. 1
5. 0
6. ½
7. 0
8. ½
9. 1
10. ½
11. ½
12. 0
13. ½
14. ½
15. 0
16. 1
17. 1
18. 1
19. 0
20. 1

## 25

1) $\dfrac{5}{5}$  2) $\dfrac{0}{4}$  3) $\dfrac{3}{3}$  4) $\dfrac{9}{9}$

5) $\dfrac{0}{6}$  6) $\dfrac{4}{8}$  7) $\dfrac{0}{8}$  8) $\dfrac{0}{2}$

9) $\dfrac{6}{6}$  10) $\dfrac{2}{2}$  11) $\dfrac{6}{12}$  12) $\dfrac{8}{8}$

13) $\dfrac{2}{4}$  14) $\dfrac{8}{16}$  15) $\dfrac{3}{6}$  16) $\dfrac{7}{14}$

17) $\dfrac{0}{9}$  18) $\dfrac{0}{7}$  19) $\dfrac{5}{10}$  20) $\dfrac{4}{4}$

1. 1
2. 0
3. 1
4. 1
5. 0
6. 1/2
7. 0
8. 0
9. 1
10. 1
11. 1/2
12. 1
13. 1/2
14. 1/2
15. 1/2
16. 1/2
17. 0
18. 0
19. 1/2
20. 1

## 26

1) $\dfrac{8}{8}$  2) $\dfrac{2}{4}$  3) $\dfrac{3}{6}$  4) $\dfrac{0}{5}$

5) $\dfrac{0}{6}$  6) $\dfrac{4}{8}$  7) $\dfrac{0}{8}$  8) $\dfrac{6}{12}$

9) $\dfrac{0}{3}$  10) $\dfrac{0}{2}$  11) $\dfrac{4}{4}$  12) $\dfrac{7}{14}$

13) $\dfrac{0}{4}$  14) $\dfrac{9}{18}$  15) $\dfrac{2}{2}$  16) $\dfrac{3}{3}$

17) $\dfrac{5}{10}$  18) $\dfrac{6}{6}$  19) $\dfrac{0}{7}$  20) $\dfrac{5}{5}$

1. 1
2. 1/2
3. 1/2
4. 0
5. 0
6. 1/2
7. 0
8. 1/2
9. 0
10. 0
11. 1
12. 1/2
13. 1/2
14. 1/2
15. 1
16. 1
17. 1/2
18. 1
19. 0
20. 1

## 27

1) $\dfrac{3}{6}$  2) $\dfrac{0}{6}$  3) $\dfrac{2}{2}$  4) $\dfrac{0}{3}$

5) $\dfrac{2}{4}$  6) $\dfrac{8}{16}$  7) $\dfrac{7}{14}$  8) $\dfrac{4}{8}$

9) $\dfrac{4}{4}$  10) $\dfrac{0}{8}$  11) $\dfrac{9}{9}$  12) $\dfrac{5}{5}$

13) $\dfrac{7}{7}$  14) $\dfrac{0}{5}$  15) $\dfrac{0}{2}$  16) $\dfrac{0}{7}$

17) $\dfrac{0}{9}$  18) $\dfrac{6}{12}$  19) $\dfrac{6}{6}$  20) $\dfrac{9}{18}$

1. 1/2
2. 0
3. 1
4. 0
5. 1/2
6. 1/2
7. 1/2
8. 1/2
9. 1
10. 0
11. 1
12. 1
13. 1
14. 0
15. 0
16. 0
17. 0
18. 1/2
19. 1
20. 1/2

## 28

1) $\dfrac{4}{8}$  2) $\dfrac{3}{6}$  3) $\dfrac{0}{3}$  4) $\dfrac{0}{6}$

5) $\dfrac{6}{12}$  6) $\dfrac{0}{5}$  7) $\dfrac{0}{9}$  8) $\dfrac{8}{16}$

9) $\dfrac{9}{9}$  10) $\dfrac{2}{4}$  11) $\dfrac{0}{7}$  12) $\dfrac{2}{2}$

13) $\dfrac{7}{7}$  14) $\dfrac{5}{10}$  15) $\dfrac{8}{8}$  16) $\dfrac{0}{2}$

17) $\dfrac{7}{14}$  18) $\dfrac{0}{4}$  19) $\dfrac{5}{5}$  20) $\dfrac{6}{6}$

1. 1/2
2. 1/2
3. 0
4. 0
5. 1/2
6. 0
7. 0
8. 1/2
9. 1
10. 1/2
11. 0
12. 1
13. 1
14. 1/2
15. 1
16. 0
17. 1/2
18. 0
19. 1

## 29

1) $\dfrac{9}{18}$  2) $\dfrac{2}{4}$  3) $\dfrac{5}{5}$  4) $\dfrac{7}{7}$

5) $\dfrac{3}{6}$  6) $\dfrac{3}{3}$  7) $\dfrac{0}{3}$  8) $\dfrac{0}{7}$

9) $\dfrac{0}{6}$  10) $\dfrac{9}{9}$  11) $\dfrac{8}{8}$  12) $\dfrac{0}{4}$

13) $\dfrac{8}{16}$  14) $\dfrac{0}{9}$  15) $\dfrac{4}{8}$  16) $\dfrac{5}{10}$

17) $\dfrac{0}{5}$  18) $\dfrac{6}{12}$  19) $\dfrac{4}{4}$  20) $\dfrac{2}{2}$

1. $\frac{1}{2}$
2. $\frac{1}{2}$
3. $1$
4. $1$
5. $\frac{1}{2}$
6. $1$
7. $0$
8. $0$
9. $0$
10. $1$
11. $1$
12. $0$
13. $\frac{1}{2}$
14. $0$
15. $\frac{1}{2}$
16. $\frac{1}{2}$
17. $0$
18. $\frac{1}{2}$
19. $1$
20. $1$

## 30

1) $\dfrac{5}{5}$  2) $\dfrac{7}{14}$  3) $\dfrac{5}{10}$  4) $\dfrac{3}{3}$

5) $\dfrac{4}{8}$  6) $\dfrac{0}{2}$  7) $\dfrac{6}{6}$  8) $\dfrac{0}{5}$

9) $\dfrac{3}{6}$  10) $\dfrac{0}{9}$  11) $\dfrac{8}{8}$  12) $\dfrac{0}{8}$

13) $\dfrac{9}{18}$  14) $\dfrac{0}{6}$  15) $\dfrac{0}{4}$  16) $\dfrac{4}{4}$

17) $\dfrac{0}{7}$  18) $\dfrac{2}{2}$  19) $\dfrac{6}{12}$  20) $\dfrac{7}{7}$

1. $1$
2. $\frac{1}{2}$
3. $\frac{1}{2}$
4. $1$
5. $\frac{1}{2}$
6. $0$
7. $1$
8. $0$
9. $\frac{1}{2}$
10. $0$
11. $1$
12. $0$
13. $\frac{1}{2}$
14. $0$
15. $0$
16. $1$
17. $0$
18. $1$
19. $\frac{1}{2}$
20. $1$

## 31

1) $1\frac{1}{2} - 1\frac{1}{2} = 0\frac{0}{2}$
$\frac{3}{2} - \frac{3}{2} = \frac{0}{2}$

2) $8\frac{2}{4} - 6\frac{3}{4} = 1\frac{3}{4}$
$\frac{34}{4} - \frac{27}{4} = \frac{7}{4}$

3) $5\frac{2}{3} - 4\frac{1}{3} = 1\frac{1}{3}$
$\frac{17}{3} - \frac{13}{3} = \frac{4}{3}$

4) $4\frac{3}{5} - 4\frac{1}{5} = 0\frac{2}{5}$
$\frac{23}{5} - \frac{21}{5} = \frac{2}{5}$

5) $6\frac{1}{4} - 2\frac{1}{4} = 4\frac{0}{4}$
$\frac{25}{4} - \frac{9}{4} = \frac{16}{4}$

6) $9\frac{1}{2} - 5\frac{1}{2} = 4\frac{0}{2}$
$\frac{19}{2} - \frac{11}{2} = \frac{8}{2}$

7) $8\frac{1}{2} + 8\frac{1}{2} = 17\frac{0}{2}$
$\frac{17}{2} + \frac{17}{2} = \frac{34}{2}$

8) $4\frac{1}{4} + 2\frac{1}{4} = 6\frac{2}{4}$
$\frac{17}{4} + \frac{9}{4} = \frac{26}{4}$

9) $4\frac{3}{8} + \frac{7}{8} = 6\frac{2}{8}$
$\frac{35}{8} + \frac{15}{8} = \frac{50}{8}$

10) $5\frac{7}{8} + 5\frac{4}{8} = 11\frac{3}{8}$
$\frac{47}{8} + \frac{44}{8} = \frac{91}{8}$

11) $7\frac{5}{8} + 2\frac{7}{8} = 10\frac{4}{8}$
$\frac{61}{8} + \frac{23}{8} = \frac{84}{8}$

12) $4\frac{4}{8} + 1\frac{5}{8} = 6\frac{1}{8}$
$\frac{36}{8} + \frac{13}{8} = \frac{49}{8}$

1. $\frac{0}{2}$
2. $\frac{7}{4}$
3. $\frac{4}{3}$
4. $\frac{2}{5}$
5. $\frac{16}{4}$
6. $\frac{8}{2}$
7. $\frac{34}{2}$
8. $\frac{26}{4}$
9. $\frac{50}{8}$
10. $\frac{91}{8}$
11. $\frac{84}{8}$
12. $\frac{49}{8}$

## 32

1) $7\frac{4}{5} - 5\frac{4}{5} = 2\frac{0}{5}$
$\frac{39}{5} - \frac{29}{5} = \frac{10}{5}$

2) $7\frac{2}{3} - 5\frac{2}{3} = 2\frac{0}{3}$
$\frac{23}{3} - \frac{17}{3} = \frac{6}{3}$

3) $7\frac{2}{3} - 6\frac{2}{3} = 1\frac{0}{3}$
$\frac{23}{3} - \frac{20}{3} = \frac{3}{3}$

4) $9\frac{2}{10} - 1\frac{3}{10} = 7\frac{9}{10}$
$\frac{92}{10} - \frac{13}{10} = \frac{79}{10}$

5) $6\frac{9}{10} - 1\frac{1}{10} = 5\frac{8}{10}$
$\frac{69}{10} - \frac{11}{10} = \frac{58}{10}$

6) $9\frac{2}{3} - 6\frac{1}{3} = 3\frac{1}{3}$
$\frac{29}{3} - \frac{19}{3} = \frac{10}{3}$

7) $5\frac{4}{6} + 2\frac{5}{6} = \frac{47}{6}$
$\frac{34}{6} + \frac{13}{6} = \frac{47}{6}$

8) $7\frac{5}{8} + 5\frac{5}{8} = 12\frac{6}{8}$
$\frac{61}{8} + \frac{41}{8} = \frac{102}{8}$

9) $8\frac{3}{10} + \frac{3}{10} = 9\frac{6}{10}$
$\frac{83}{10} + \frac{13}{10} = \frac{96}{10}$

10) $2\frac{6}{8} + 1\frac{1}{8} = 3\frac{7}{8}$
$\frac{22}{8} + \frac{9}{8} = \frac{31}{8}$

11) $8\frac{1}{4} + 3\frac{3}{4} = 12\frac{0}{4}$
$\frac{33}{4} + \frac{15}{4} = \frac{48}{4}$

12) $7\frac{10}{12} + 2\frac{2}{12} = 10\frac{0}{12}$
$\frac{94}{12} + \frac{26}{12} = \frac{120}{12}$

1. $\frac{10}{5}$
2. $\frac{6}{3}$
3. $\frac{3}{3}$
4. $\frac{79}{10}$
5. $\frac{58}{10}$
6. $\frac{10}{3}$
7. $\frac{47}{6}$
8. $\frac{102}{8}$
9. $\frac{96}{10}$
10. $\frac{31}{8}$
11. $\frac{48}{4}$
12. $\frac{120}{12}$

**1)** $4\frac{1}{3} - 2\frac{1}{3} = 2\frac{0}{3}$
$\frac{13}{3} - \frac{7}{3} = \frac{6}{3}$

**2)** $5\frac{8}{10} - 4\frac{8}{10} = 1\frac{0}{10}$
$\frac{58}{10} - \frac{48}{10} = \frac{10}{10}$

**3)** $5\frac{1}{2} - 2\frac{1}{2} = 3\frac{0}{2}$
$\frac{11}{2} - \frac{5}{2} = \frac{6}{2}$

**4)** $9\frac{1}{5} - 3\frac{4}{5} = 5\frac{2}{5}$
$\frac{46}{5} - \frac{19}{5} = \frac{27}{5}$

**5)** $8\frac{7}{12} - 1\frac{3}{12} = \frac{4}{12}$
$\frac{103}{12} - \frac{15}{12} = \frac{88}{12}$

**6)** $9\frac{7}{12} - 3\frac{9}{12} = 5\frac{10}{12}$
$\frac{115}{12} - \frac{45}{12} = \frac{70}{12}$

**7)** $6\frac{1}{4} + 3\frac{3}{4} = 10\frac{0}{4}$
$\frac{25}{4} + \frac{15}{4} = \frac{40}{4}$

**8)** $8\frac{4}{5} + 2\frac{1}{5} = 14\frac{0}{5}$
$\frac{44}{5} + \frac{11}{5} = \frac{55}{5}$

**9)** $2\frac{9}{12} + 1\frac{4}{12} = 4\frac{1}{12}$
$\frac{33}{12} + \frac{16}{12} = \frac{49}{12}$

**10)** $3\frac{3}{4} + 3\frac{2}{4} = 7\frac{1}{4}$
$\frac{15}{4} + \frac{14}{4} = \frac{29}{4}$

**11)** $9\frac{4}{8} + 2\frac{6}{8} = 12\frac{2}{8}$
$\frac{76}{8} + \frac{22}{8} = \frac{98}{8}$

**12)** $1\frac{5}{10} + 1\frac{4}{10} = 2\frac{9}{10}$
$\frac{15}{10} + \frac{14}{10} = \frac{29}{10}$

1. $\frac{6}{3}$
2. $\frac{10}{10}$
3. $\frac{6}{2}$
4. $\frac{27}{5}$
5. $\frac{88}{12}$
6. $\frac{70}{12}$
7. $\frac{40}{4}$
8. $\frac{55}{5}$
9. $\frac{49}{12}$
10. $\frac{29}{4}$
11. $\frac{98}{8}$
12. $\frac{29}{10}$

**1)** $4\frac{2}{6} - 3\frac{4}{6} = 0\frac{4}{6}$
$\frac{26}{6} - \frac{22}{6} = \frac{4}{6}$

**2)** $6\frac{10}{12} - 1\frac{5}{12} = 5\frac{5}{12}$
$\frac{82}{12} - \frac{17}{12} = \frac{65}{12}$

**3)** $9\frac{5}{12} - 7\frac{1}{12} = 2\frac{4}{12}$
$\frac{113}{12} - \frac{85}{12} = \frac{28}{12}$

**4)** $6\frac{2}{5} - 3\frac{1}{5} = 3\frac{1}{5}$
$\frac{32}{5} - \frac{16}{5} = \frac{16}{5}$

**5)** $8\frac{7}{10} - 4\frac{8}{10} = 3\frac{9}{10}$
$\frac{87}{10} - \frac{48}{10} = \frac{39}{10}$

**6)** $9\frac{1}{2} - 7\frac{1}{2} = 2\frac{0}{2}$
$\frac{19}{2} - \frac{15}{2} = \frac{4}{2}$

**7)** $7\frac{4}{12} + 5\frac{4}{12} = 12\frac{8}{12}$
$\frac{88}{12} + \frac{64}{12} = \frac{152}{12}$

**8)** $8\frac{2}{3} + 6\frac{1}{3} = 15\frac{0}{3}$
$\frac{26}{3} + \frac{19}{3} = \frac{45}{3}$

**9)** $3\frac{4}{5} + 2\frac{1}{5} = 6\frac{0}{5}$
$\frac{19}{5} + \frac{11}{5} = \frac{30}{5}$

**10)** $9\frac{4}{8} + 7\frac{2}{8} = 16\frac{6}{8}$
$\frac{76}{8} + \frac{58}{8} = \frac{134}{8}$

**11)** $7\frac{7}{10} + 4\frac{5}{10} = 12\frac{4}{8}$
$\frac{63}{8} + \frac{37}{8} = \frac{100}{8}$

**12)** $8\frac{2}{3} - 5\frac{2}{3} = 14\frac{1}{3}$
$\frac{26}{3} - \frac{17}{3} = \frac{43}{3}$

1. $\frac{4}{6}$
2. $\frac{65}{12}$
3. $\frac{28}{12}$
4. $\frac{16}{5}$
5. $\frac{39}{10}$
6. $\frac{4}{2}$
7. $\frac{152}{12}$
8. $\frac{45}{3}$
9. $\frac{30}{5}$
10. $\frac{134}{8}$
11. $\frac{100}{8}$
12. $\frac{43}{3}$

**1)** $7\frac{1}{6} - 3\frac{4}{6} = 3\frac{3}{6}$
$\frac{43}{6} - \frac{22}{6} = \frac{21}{6}$

**2)** $6\frac{1}{12} - 3\frac{11}{12} = 2\frac{2}{12}$
$\frac{73}{12} - \frac{47}{12} = \frac{26}{12}$

**3)** $8\frac{1}{4} - 6\frac{3}{4} = 1\frac{2}{4}$
$\frac{33}{4} - \frac{27}{4} = \frac{6}{4}$

**4)** $7\frac{1}{2} - 6\frac{1}{2} = 1\frac{0}{2}$
$\frac{15}{2} - \frac{13}{2} = \frac{2}{2}$

**5)** $6\frac{2}{5} - 5\frac{2}{5} = 1\frac{0}{5}$
$\frac{32}{5} - \frac{27}{5} = \frac{5}{5}$

**6)** $8\frac{3}{5} - 2\frac{2}{5} = 6\frac{1}{5}$
$\frac{43}{5} - \frac{12}{5} = \frac{31}{5}$

**7)** $7\frac{1}{10} + 4\frac{5}{10} = 11\frac{6}{10}$
$\frac{71}{10} + \frac{45}{10} = \frac{116}{10}$

**8)** $9\frac{1}{12} + 8\frac{4}{12} = 17\frac{5}{12}$
$\frac{109}{12} + \frac{100}{12} = \frac{209}{12}$

**9)** $8\frac{1}{5} + 5\frac{4}{5} = 14\frac{0}{5}$
$\frac{41}{5} + \frac{29}{5} = \frac{70}{5}$

**10)** $8\frac{3}{10} + 7\frac{4}{10} = 15\frac{7}{10}$
$\frac{83}{10} + \frac{74}{10} = \frac{157}{10}$

**11)** $8\frac{3}{4} + 4\frac{3}{4} = 13\frac{2}{4}$
$\frac{35}{4} + \frac{19}{4} = \frac{54}{4}$

**12)** $7\frac{1}{3} + 3\frac{1}{3} = 10\frac{2}{3}$
$\frac{22}{3} + \frac{10}{3} = \frac{32}{3}$

1. $\frac{21}{6}$
2. $\frac{26}{12}$
3. $\frac{6}{4}$
4. $\frac{2}{2}$
5. $\frac{5}{5}$
6. $\frac{31}{5}$
7. $\frac{116}{10}$
8. $\frac{209}{12}$
9. $\frac{70}{5}$
10. $\frac{157}{10}$
11. $\frac{54}{4}$
12. $\frac{32}{3}$

**1)** $7\frac{1}{6} - 3\frac{4}{6} = 3\frac{3}{6}$
$\frac{43}{6} - \frac{22}{6} = \frac{21}{6}$

**2)** $6\frac{1}{12} - 3\frac{11}{12} = 2\frac{2}{12}$
$\frac{73}{12} - \frac{47}{12} = \frac{26}{12}$

**3)** $8\frac{1}{4} - 6\frac{3}{4} = 1\frac{2}{4}$
$\frac{33}{4} - \frac{27}{4} = \frac{6}{4}$

**4)** $7\frac{1}{2} - 6\frac{1}{2} = 1\frac{0}{2}$
$\frac{15}{2} - \frac{13}{2} = \frac{2}{2}$

**5)** $6\frac{2}{5} - 5\frac{2}{5} = 1\frac{0}{5}$
$\frac{32}{5} - \frac{27}{5} = \frac{5}{5}$

**6)** $8\frac{3}{5} - 2\frac{2}{5} = 6\frac{1}{5}$
$\frac{43}{5} - \frac{12}{5} = \frac{31}{5}$

**7)** $7\frac{1}{10} + 4\frac{5}{10} = 11\frac{6}{10}$
$\frac{71}{10} + \frac{45}{10} = \frac{116}{10}$

**8)** $9\frac{1}{12} + 8\frac{4}{12} = 17\frac{5}{12}$
$\frac{109}{12} + \frac{100}{12} = \frac{209}{12}$

**9)** $8\frac{1}{5} + 5\frac{4}{5} = 14\frac{0}{5}$
$\frac{41}{5} + \frac{29}{5} = \frac{70}{5}$

**10)** $8\frac{3}{10} + 7\frac{4}{10} = 15\frac{7}{10}$
$\frac{83}{10} + \frac{74}{10} = \frac{157}{10}$

**11)** $8\frac{3}{4} + 4\frac{3}{4} = 13\frac{2}{4}$
$\frac{35}{4} + \frac{19}{4} = \frac{54}{4}$

**12)** $7\frac{1}{3} + 3\frac{1}{3} = 10\frac{2}{3}$
$\frac{22}{3} + \frac{10}{3} = \frac{32}{3}$

1. $\frac{21}{6}$
2. $\frac{26}{12}$
3. $\frac{6}{4}$
4. $\frac{2}{2}$
5. $\frac{5}{5}$
6. $\frac{31}{5}$
7. $\frac{116}{10}$
8. $\frac{209}{12}$
9. $\frac{70}{5}$
10. $\frac{157}{10}$
11. $\frac{54}{4}$
12. $\frac{32}{3}$

**1)** $8\frac{1}{10} - 2\frac{4}{10} = 5\frac{7}{10}$

$\frac{81}{10} - \frac{24}{10} = \frac{57}{10}$

**2)** $9\frac{5}{12} - 7\frac{7}{12} = 1\frac{10}{12}$

$\frac{113}{12} - \frac{91}{12} = \frac{22}{12}$

**3)** $7\frac{5}{10} - 2\frac{5}{10} = 5\frac{0}{10}$

$\frac{75}{10} - \frac{25}{10} = \frac{50}{10}$

**4)** $9\frac{1}{12} - 3\frac{4}{12} = 5\frac{9}{12}$

$\frac{109}{12} - \frac{40}{12} = \frac{69}{12}$

**5)** $7\frac{4}{5} - 5\frac{2}{5} = 2\frac{2}{5}$

$\frac{39}{5} - \frac{27}{5} = \frac{12}{5}$

**6)** $5\frac{1}{4} - 3\frac{2}{4} = 1\frac{3}{4}$

$\frac{21}{4} - \frac{14}{4} = \frac{7}{4}$

**7)** $4\frac{1}{5} + 2\frac{4}{5} = 7\frac{0}{5}$

$\frac{21}{5} + \frac{14}{5} = \frac{35}{5}$

**8)** $8\frac{2}{8} + 5\frac{5}{8} = 13\frac{7}{8}$

$\frac{66}{8} + \frac{45}{8} = \frac{111}{8}$

**9)** $9\frac{4}{6} + 8\frac{3}{6} = 18\frac{1}{6}$

$\frac{58}{6} + \frac{51}{6} = \frac{109}{6}$

**10)** $4\frac{2}{10} + 3\frac{7}{10} = 7\frac{9}{10}$

$\frac{42}{10} + \frac{37}{10} = \frac{79}{10}$

**11)** $6\frac{3}{8} + 1\frac{7}{8} = 8\frac{2}{8}$

$\frac{51}{8} + \frac{15}{8} = \frac{66}{8}$

**12)** $7\frac{1}{2} + 3\frac{1}{2} = 11\frac{0}{2}$

$\frac{15}{2} + \frac{7}{2} = \frac{22}{2}$

1. $57/10$
2. $22/12$
3. $50/10$
4. $69/12$
5. $12/5$
6. $7/4$
7. $35/5$
8. $111/8$
9. $109/6$
10. $79/10$
11. $66/8$
12. $22/2$

**1)** $8\frac{4}{8} - 6\frac{7}{8} = 1\frac{5}{8}$

$\frac{68}{8} - \frac{55}{8} = \frac{13}{8}$

**2)** $5\frac{1}{12} - 3\frac{8}{12} = 1\frac{5}{12}$

$\frac{61}{12} - \frac{44}{12} = \frac{17}{12}$

**3)** $8\frac{3}{4} - 8\frac{1}{4} = 0\frac{2}{4}$

$\frac{35}{4} - \frac{33}{4} = \frac{2}{4}$

**4)** $4\frac{1}{3} - 1\frac{1}{3} = 3\frac{0}{3}$

$\frac{13}{3} - \frac{4}{3} = \frac{9}{3}$

**5)** $6\frac{2}{4} - 3\frac{2}{4} = 3\frac{0}{4}$

$\frac{20}{4} - \frac{14}{4} = \frac{12}{4}$

**6)** $6\frac{2}{8} - 1\frac{1}{8} = 5\frac{1}{8}$

$\frac{50}{8} - \frac{9}{8} = \frac{41}{8}$

**7)** $4\frac{2}{3} + 3\frac{1}{3} = 8\frac{0}{3}$

$\frac{14}{3} + \frac{10}{3} = \frac{24}{3}$

**8)** $8\frac{1}{6} + 4\frac{5}{6} = 13\frac{0}{6}$

$\frac{49}{6} + \frac{29}{6} = \frac{78}{6}$

**9)** $6\frac{7}{10} + 5\frac{8}{10} = 12\frac{5}{10}$

$\frac{67}{10} + \frac{58}{10} = \frac{125}{10}$

**10)** $8\frac{2}{10} + 3\frac{2}{10} = 11\frac{4}{10}$

$\frac{82}{10} + \frac{32}{10} = \frac{114}{10}$

**11)** $4\frac{1}{2} + 2\frac{1}{2} = 7\frac{0}{2}$

$\frac{9}{2} + \frac{5}{2} = \frac{14}{2}$

**12)** $7\frac{8}{10} + 2\frac{7}{10} = 10\frac{5}{10}$

$\frac{78}{10} + \frac{27}{10} = \frac{105}{10}$

1. $13/8$
2. $17/12$
3. $2/4$
4. $9/3$
5. $12/4$
6. $41/8$
7. $24/3$
8. $78/6$
9. $125/10$
10. $114/10$
11. $14/2$
12. $105/10$

**1)** $5\frac{2}{4} - 3\frac{3}{4} = 1\frac{3}{4}$

$\frac{22}{4} - \frac{15}{4} = \frac{7}{4}$

**2)** $9\frac{5}{8} - 6\frac{4}{8} = 3\frac{1}{8}$

$\frac{77}{8} - \frac{52}{8} = \frac{25}{8}$

**3)** $9\frac{10}{12} - 9\frac{9}{12} = 0\frac{1}{12}$

$\frac{118}{12} - \frac{117}{12} = \frac{1}{12}$

**4)** $5\frac{1}{2} - 4\frac{1}{2} = 1\frac{0}{2}$

$\frac{11}{2} - \frac{9}{2} = \frac{2}{2}$

**5)** $9\frac{2}{3} - 5\frac{2}{3} = 4\frac{0}{3}$

$\frac{29}{3} - \frac{17}{3} = \frac{12}{3}$

**6)** $5\frac{3}{5} - 4\frac{2}{5} = 1\frac{1}{5}$

$\frac{28}{5} - \frac{22}{5} = \frac{6}{5}$

**7)** $7\frac{9}{12} + 1\frac{4}{12} = 9\frac{1}{12}$

$\frac{93}{12} + \frac{16}{12} = \frac{109}{12}$

**8)** $5\frac{4}{10} + 4\frac{5}{10} = 9\frac{9}{10}$

$\frac{54}{10} + \frac{45}{10} = \frac{99}{10}$

**9)** $7\frac{7}{8} + 5\frac{5}{8} = 13\frac{4}{8}$

$\frac{63}{8} + \frac{45}{8} = \frac{108}{8}$

**10)** $6\frac{2}{6} + 5\frac{1}{6} = 11\frac{3}{6}$

$\frac{38}{6} + \frac{31}{6} = \frac{69}{6}$

**11)** $4\frac{3}{5} + 1\frac{2}{5} = 6\frac{0}{5}$

$\frac{23}{5} + \frac{7}{5} = \frac{30}{5}$

**12)** $1\frac{2}{3} + 1\frac{2}{3} = 3\frac{1}{3}$

$\frac{5}{3} + \frac{5}{3} = \frac{10}{3}$

1. $7/4$
2. $25/8$
3. $1/12$
4. $2/2$
5. $12/3$
6. $6/5$
7. $109/12$
8. $99/10$
9. $108/8$
10. $69/6$
11. $30/5$
12. $10/3$

**1)** $9\frac{5}{12} - 6\frac{7}{12} = 2\frac{10}{12}$

$\frac{113}{12} - \frac{79}{12} = \frac{34}{12}$

**2)** $5\frac{5}{8} - 1\frac{5}{8} = 4\frac{0}{8}$

$\frac{45}{8} - \frac{13}{8} = \frac{32}{8}$

**3)** $5\frac{2}{6} - 3\frac{5}{6} = 1\frac{3}{6}$

$\frac{32}{6} - \frac{23}{6} = \frac{9}{6}$

**4)** $7\frac{7}{8} - 6\frac{1}{8} = 1\frac{6}{8}$

$\frac{63}{8} - \frac{49}{8} = \frac{14}{8}$

**5)** $7\frac{5}{12} - 3\frac{2}{12} = 4\frac{3}{12}$

$\frac{89}{12} - \frac{38}{12} = \frac{51}{12}$

**6)** $1\frac{3}{5} - 1\frac{1}{5} = 0\frac{2}{5}$

$\frac{8}{5} - \frac{6}{5} = \frac{2}{5}$

**7)** $6\frac{3}{5} + 3\frac{1}{5} = 9\frac{4}{5}$

$\frac{33}{5} + \frac{16}{5} = \frac{49}{5}$

**8)** $7\frac{3}{6} + 7\frac{1}{6} = 14\frac{4}{6}$

$\frac{45}{6} + \frac{43}{6} = \frac{88}{6}$

**9)** $9\frac{2}{3} + 6\frac{1}{3} = 16\frac{0}{3}$

$\frac{29}{3} + \frac{19}{3} = \frac{48}{3}$

**10)** $6\frac{2}{3} + 4\frac{2}{3} = 11\frac{1}{3}$

$\frac{20}{3} + \frac{14}{3} = \frac{34}{3}$

**11)** $9\frac{1}{4} + 5\frac{2}{4} = 14\frac{3}{4}$

$\frac{37}{4} + \frac{22}{4} = \frac{59}{4}$

**12)** $5\frac{3}{8} - 2\frac{7}{8} = 8\frac{2}{8}$

$\frac{43}{8} + \frac{23}{8} = \frac{66}{8}$

1. $34/12$
2. $32/8$
3. $9/6$
4. $14/8$
5. $51/12$
6. $2/5$
7. $49/5$
8. $88/6$
9. $48/3$
10. $34/3$
11. $59/4$
12. $66/8$

## 41

1) $2\frac{1}{3} - 1\frac{2}{3}$

$1\frac{4}{3} - 1\frac{2}{3} = \frac{2}{3}$

2) $3\frac{1}{4} - 1\frac{3}{4}$

$2\frac{5}{4} - 1\frac{3}{4} = 1\frac{2}{4}$

3) $6\frac{1}{8} - 4\frac{4}{8} =$

$5\frac{9}{8} - 4\frac{4}{8} = 1\frac{5}{8}$

4) $2\frac{1}{7} - 1\frac{5}{7} =$

$1\frac{9}{7} - 1\frac{5}{7} = \frac{4}{7}$

5) $10\frac{1}{3} - 1\frac{2}{3} =$

$9\frac{4}{3} - 1\frac{2}{3} = 8\frac{2}{3}$

6) $7\frac{2}{5} - 2\frac{4}{5} =$

$6\frac{7}{5} - 2\frac{4}{5} = 4\frac{3}{5}$

7) $4\frac{1}{10} - 1\frac{4}{10} =$

$3\frac{11}{10} - 1\frac{4}{10} = 2\frac{7}{10}$

8) $5\frac{1}{7} - 2\frac{5}{7} =$

$4\frac{8}{7} - 2\frac{5}{7} = 2\frac{3}{7}$

9) $9\frac{4}{9} - 3\frac{7}{9} =$

$8\frac{13}{9} - 3\frac{7}{9} = 5\frac{6}{9}$

10) $8\frac{1}{3} - 6\frac{2}{3} =$

$7\frac{4}{3} - 6\frac{2}{3} = 1\frac{2}{3}$

11) $8\frac{2}{4} - 5\frac{3}{4} =$

$7\frac{6}{4} - 5\frac{3}{4} = \frac{3}{4}$

12) $2\frac{4}{8} - 1\frac{5}{8} =$

$1\frac{12}{8} - 1\frac{5}{8} = \frac{7}{8}$

13) $5\frac{5}{7} - 1\frac{6}{7} =$

$4\frac{12}{7} - 1\frac{6}{7} = 3\frac{6}{7}$

14) $8\frac{4}{10} - 3\frac{8}{10} =$

$7\frac{14}{10} - 3\frac{8}{10} = 4\frac{6}{10}$

15) $6\frac{1}{3} - 2\frac{2}{3} =$

16) $9\frac{1}{7} - 7\frac{2}{7} =$

| | |
|---|---|
| 1. | $\frac{2}{3}$ |
| 2. | $1\frac{2}{4}$ |
| 3. | $1\frac{5}{8}$ |
| 4. | $\frac{4}{7}$ |
| 5. | $8\frac{2}{3}$ |
| 6. | $4\frac{3}{5}$ |
| 7. | $2\frac{7}{10}$ |
| 8. | $2\frac{3}{7}$ |
| 9. | $5\frac{6}{9}$ |
| 10. | $1\frac{2}{3}$ |
| 11. | $2\frac{3}{4}$ |
| 12. | $\frac{7}{8}$ |
| 13. | $3\frac{6}{7}$ |
| 14. | $4\frac{6}{10}$ |
| 15. | $3\frac{2}{3}$ |
| 16. | $1\frac{6}{7}$ |

## 42

1) $5\frac{3}{6} - 2\frac{4}{6} =$

$4\frac{9}{6} - 2\frac{4}{6} = 2\frac{5}{6}$

2) $10\frac{1}{5} - 7\frac{2}{5} =$

$9\frac{6}{5} - 7\frac{2}{5} = 2\frac{4}{5}$

3) $7\frac{2}{10} - 4\frac{8}{10} =$

$6\frac{12}{10} - 4\frac{8}{10} = 2\frac{4}{10}$

4) $3\frac{1}{3} - 1\frac{2}{3} =$

$2\frac{4}{3} - 1\frac{2}{3} = 1\frac{2}{3}$

5) $4\frac{1}{4} - 3\frac{2}{4} =$

$3\frac{5}{4} - 3\frac{2}{4} = \frac{3}{4}$

6) $2\frac{1}{8} - 1\frac{2}{8} =$

$1\frac{9}{8} - 1\frac{2}{8} = \frac{7}{8}$

7) $9\frac{4}{10} - 5\frac{8}{10} =$

$8\frac{14}{10} - 5\frac{8}{10} = 3\frac{6}{10}$

8) $4\frac{1}{3} - 1\frac{2}{3} =$

$3\frac{4}{3} - 1\frac{2}{3} = 2\frac{2}{3}$

9) $6\frac{1}{9} - 3\frac{4}{9} =$

$5\frac{10}{9} - 3\frac{4}{9} = 2\frac{6}{9}$

10) $5\frac{1}{3} - 1\frac{2}{3} =$

$4\frac{4}{3} - 1\frac{2}{3} = 3\frac{2}{3}$

11) $8\frac{1}{3} - 1\frac{2}{3} =$

$7\frac{4}{3} - 1\frac{2}{3} = 6\frac{2}{3}$

12) $6\frac{1}{5} - 4\frac{2}{5} =$

$5\frac{6}{5} - 4\frac{2}{5} = 1\frac{4}{5}$

13) $5\frac{1}{9} - 3\frac{7}{9} =$

$4\frac{10}{9} - 3\frac{7}{9} = 1\frac{3}{9}$

14) $6\frac{1}{7} - 5\frac{3}{7} =$

$5\frac{8}{7} - 5\frac{3}{7} = \frac{5}{7}$

15) $6\frac{2}{6} - 3\frac{3}{6} =$

16) $9\frac{5}{8} - 3\frac{6}{8} =$

| | |
|---|---|
| 1. | $2\frac{5}{6}$ |
| 2. | $2\frac{4}{5}$ |
| 3. | $2\frac{4}{10}$ |
| 4. | $1\frac{2}{3}$ |
| 5. | $\frac{3}{4}$ |
| 6. | $\frac{7}{8}$ |
| 7. | $3\frac{6}{10}$ |
| 8. | $2\frac{2}{3}$ |
| 9. | $2\frac{6}{9}$ |
| 10. | $3\frac{2}{3}$ |
| 11. | $6\frac{2}{3}$ |
| 12. | $1\frac{4}{5}$ |
| 13. | $1\frac{3}{9}$ |
| 14. | $\frac{5}{7}$ |
| 15. | $2\frac{5}{6}$ |
| 16. | $5\frac{7}{8}$ |

## 43

1) $6\frac{6}{9} - 5\frac{7}{9} =$

$5\frac{15}{9} - 5\frac{7}{9} = \frac{8}{9}$

2) $9\frac{1}{8} - 7\frac{2}{8} =$

$8\frac{9}{8} - 7\frac{2}{8} = 1\frac{7}{8}$

3) $10\frac{8}{10} - 2\frac{9}{10} =$

$9\frac{18}{10} - 2\frac{9}{10} = 7\frac{9}{10}$

4) $6\frac{4}{7} - 3\frac{6}{7} =$

$5\frac{11}{7} - 3\frac{6}{7} = 2\frac{5}{7}$

5) $2\frac{1}{3} - 1\frac{2}{3} =$

$1\frac{4}{3} - 1\frac{2}{3} = \frac{2}{3}$

6) $8\frac{1}{4} - 3\frac{3}{4} =$

$7\frac{5}{4} - 3\frac{3}{4} = 4\frac{2}{4}$

7) $4\frac{2}{10} - 1\frac{5}{10} =$

$3\frac{12}{10} - 1\frac{5}{10} = 2\frac{7}{10}$

8) $2\frac{8}{10} - 1\frac{9}{10} =$

$1\frac{18}{10} - 1\frac{9}{10} = \frac{9}{10}$

9) $6\frac{1}{4} - 2\frac{3}{4} =$

$5\frac{5}{4} - 2\frac{3}{4} = 3\frac{2}{4}$

10) $10\frac{1}{3} - 7\frac{2}{3} =$

$9\frac{4}{3} - 7\frac{2}{3} = 2\frac{2}{3}$

11) $6\frac{1}{7} - 4\frac{2}{7} =$

$5\frac{8}{7} - 4\frac{2}{7} = 1\frac{6}{7}$

12) $3\frac{2}{5} - 1\frac{3}{5} =$

$2\frac{7}{5} - 1\frac{3}{5} = 1\frac{4}{5}$

13) $5\frac{1}{6} - 4\frac{2}{6} =$

$4\frac{7}{6} - 4\frac{2}{6} = \frac{5}{6}$

14) $9\frac{1}{3} - 4\frac{2}{3} =$

$8\frac{4}{3} - 4\frac{2}{3} = 4\frac{2}{3}$

15) $7\frac{1}{10} - 6\frac{3}{10} =$

16) $10\frac{1}{6} - 4\frac{3}{6} =$

| | |
|---|---|
| 1. | $\frac{8}{9}$ |
| 2. | $1\frac{7}{8}$ |
| 3. | $7\frac{9}{10}$ |
| 4. | $2\frac{5}{7}$ |
| 5. | $\frac{2}{3}$ |
| 6. | $4\frac{2}{4}$ |
| 7. | $2\frac{7}{10}$ |
| 8. | $\frac{9}{10}$ |
| 9. | $3\frac{2}{4}$ |
| 10. | $2\frac{2}{3}$ |
| 11. | $1\frac{6}{7}$ |
| 12. | $1\frac{4}{5}$ |
| 13. | $\frac{5}{6}$ |
| 14. | $4\frac{2}{3}$ |
| 15. | $\frac{8}{10}$ |
| 16. | $5\frac{4}{6}$ |

## 44

1) $4\frac{1}{3} - 2\frac{2}{3} =$

$3\frac{4}{3} - 2\frac{2}{3} = 1\frac{2}{3}$

2) $5\frac{2}{7} - 3\frac{6}{7} =$

$4\frac{9}{7} - 3\frac{6}{7} = 1\frac{3}{7}$

3) $4\frac{2}{8} - 3\frac{5}{8} =$

$3\frac{10}{8} - 3\frac{5}{8} = \frac{5}{8}$

4) $5\frac{1}{3} - 3\frac{2}{3} =$

$4\frac{4}{3} - 3\frac{2}{3} = 1\frac{2}{3}$

5) $9\frac{2}{10} - 3\frac{3}{10} =$

$8\frac{12}{10} - 3\frac{3}{10} = 5\frac{9}{10}$

6) $10\frac{2}{7} - 9\frac{3}{7} =$

$9\frac{9}{7} - 9\frac{3}{7} = \frac{6}{7}$

7) $6\frac{2}{10} - 2\frac{5}{10} =$

$5\frac{12}{10} - 2\frac{5}{10} = 3\frac{7}{10}$

8) $2\frac{1}{6} - 1\frac{2}{6} =$

$1\frac{7}{6} - 1\frac{2}{6} = \frac{5}{6}$

9) $9\frac{2}{7} - 1\frac{3}{7} =$

$8\frac{9}{7} - 1\frac{3}{7} = 7\frac{6}{7}$

10) $6\frac{6}{9} - 5\frac{7}{9} =$

$5\frac{15}{9} - 5\frac{7}{9} = \frac{8}{9}$

11) $6\frac{1}{3} - 4\frac{2}{3} =$

$5\frac{4}{3} - 4\frac{2}{3} = 1\frac{2}{3}$

12) $5\frac{4}{6} - 2\frac{5}{6} =$

$4\frac{10}{6} - 2\frac{5}{6} = 2\frac{5}{6}$

13) $7\frac{1}{10} - 5\frac{2}{10} =$

$6\frac{11}{10} - 5\frac{2}{10} = 1\frac{9}{10}$

14) $5\frac{1}{4} - 1\frac{3}{4} =$

$4\frac{5}{4} - 1\frac{3}{4} = 3\frac{2}{4}$

15) $6\frac{2}{10} - 5\frac{4}{10} =$

16) $7\frac{3}{7} - 2\frac{5}{7} =$

| | |
|---|---|
| 1. | $1\frac{2}{3}$ |
| 2. | $1\frac{3}{7}$ |
| 3. | $\frac{5}{8}$ |
| 4. | $1\frac{2}{3}$ |
| 5. | $5\frac{9}{10}$ |
| 6. | $\frac{6}{7}$ |
| 7. | $3\frac{7}{10}$ |
| 8. | $\frac{5}{6}$ |
| 9. | $7\frac{6}{7}$ |
| 10. | $\frac{8}{9}$ |
| 11. | $1\frac{2}{3}$ |
| 12. | $2\frac{5}{6}$ |
| 13. | $1\frac{9}{10}$ |
| 14. | $3\frac{2}{4}$ |
| 15. | $\frac{8}{10}$ |
| 16. | $4\frac{5}{7}$ |

## 45

1) $10\frac{1}{4} - 2\frac{2}{4} =$
$9\frac{5}{4} - 2\frac{2}{4} = 7\frac{3}{4}$

2) $4\frac{6}{9} - 1\frac{8}{9} =$
$3\frac{15}{9} - 1\frac{8}{9} = 2\frac{7}{9}$

3) $9\frac{1}{3} - 5\frac{2}{3} =$
$8\frac{4}{3} - 5\frac{2}{3} = 3\frac{2}{3}$

4) $8\frac{1}{6} - 6\frac{4}{6} =$
$7\frac{7}{6} - 6\frac{4}{6} = 1\frac{3}{6}$

5) $6\frac{2}{8} - 1\frac{5}{8} =$
$5\frac{10}{8} - 1\frac{5}{8} = 4\frac{5}{8}$

6) $3\frac{1}{8} - 2\frac{6}{8} =$
$2\frac{9}{8} - 2\frac{6}{8} = \frac{3}{8}$

7) $6\frac{2}{9} - 5\frac{6}{9} =$
$5\frac{11}{9} - 5\frac{6}{9} = \frac{5}{9}$

8) $10\frac{1}{7} - 7\frac{5}{7} =$
$9\frac{8}{7} - 7\frac{5}{7} = 2\frac{3}{7}$

9) $8\frac{1}{3} - 2\frac{2}{3} =$
$7\frac{4}{3} - 2\frac{2}{3} = 5\frac{2}{3}$

10) $2\frac{1}{5} - 1\frac{3}{5} =$
$1\frac{6}{5} - 1\frac{3}{5} = \frac{3}{5}$

11) $4\frac{1}{4} - 1\frac{2}{4} =$
$3\frac{5}{4} - 1\frac{2}{4} = 2\frac{3}{4}$

12) $6\frac{1}{6} - 1\frac{2}{6} =$
$5\frac{7}{6} - 1\frac{2}{6} = 4\frac{5}{6}$

13) $6\frac{3}{10} - 5\frac{7}{10} =$
$5\frac{13}{10} - 5\frac{7}{10} = \frac{6}{10}$

14) $8\frac{1}{8} - 2\frac{3}{8} =$
$7\frac{9}{8} - 2\frac{3}{8} = 5\frac{7}{8}$

15) $3\frac{1}{6} - 2\frac{4}{6} =$

16) $8\frac{2}{7} - 2\frac{3}{7} =$

1. $7\frac{3}{4}$
2. $2\frac{7}{9}$
3. $3\frac{2}{3}$
4. $1\frac{3}{6}$
5. $4\frac{5}{8}$
6. $\frac{3}{8}$
7. $\frac{5}{9}$
8. $2\frac{3}{7}$
9. $5\frac{2}{3}$
10. $\frac{3}{8}$
11. $2\frac{3}{4}$
12. $4\frac{5}{6}$
13. $\frac{6}{10}$
14. $5\frac{7}{8}$
15. $\frac{3}{6}$
16. $5\frac{6}{7}$

## 46

1) $8\frac{1}{4} - 7\frac{2}{4} =$
$7\frac{5}{4} - 7\frac{2}{4} = \frac{3}{4}$

2) $7\frac{2}{5} - 4\frac{4}{5} =$
$6\frac{7}{5} - 4\frac{4}{5} = 2\frac{3}{5}$

3) $8\frac{4}{8} - 3\frac{6}{8} =$
$7\frac{12}{8} - 3\frac{6}{8} = 4\frac{6}{8}$

4) $7\frac{3}{9} - 5\frac{5}{9} =$
$6\frac{12}{9} - 5\frac{5}{9} = 1\frac{7}{9}$

5) $2\frac{2}{5} - 1\frac{3}{5} =$
$1\frac{7}{5} - 1\frac{3}{5} = \frac{4}{5}$

6) $5\frac{2}{10} - 1\frac{3}{10} =$
$4\frac{12}{10} - 1\frac{3}{10} = 3\frac{9}{10}$

7) $2\frac{1}{7} - 1\frac{2}{7} =$
$1\frac{8}{7} - 1\frac{2}{7} = \frac{6}{7}$

8) $9\frac{2}{4} - 5\frac{3}{4} =$
$8\frac{6}{4} - 5\frac{3}{4} = 3\frac{3}{4}$

9) $2\frac{7}{9} - 1\frac{8}{9} =$
$1\frac{16}{9} - 1\frac{8}{9} = \frac{8}{9}$

10) $9\frac{1}{8} - 1\frac{5}{8} =$
$8\frac{9}{8} - 1\frac{5}{8} = 7\frac{4}{8}$

11) $2\frac{1}{8} - 1\frac{2}{8} =$
$1\frac{9}{8} - 1\frac{2}{8} = \frac{7}{8}$

12) $2\frac{4}{10} - 1\frac{6}{10} =$
$1\frac{14}{10} - 1\frac{6}{10} = \frac{8}{10}$

13) $5\frac{1}{3} - 4\frac{2}{3} =$
$4\frac{4}{3} - 4\frac{2}{3} = \frac{2}{3}$

14) $10\frac{3}{10} - 7\frac{7}{10} =$
$9\frac{13}{10} - 7\frac{7}{10} = 2\frac{6}{10}$

15) $10\frac{1}{4} - 5\frac{2}{4} =$

16) $4\frac{2}{5} - 2\frac{4}{5} =$

1. $\frac{3}{4}$
2. $2\frac{3}{5}$
3. $4\frac{6}{8}$
4. $1\frac{7}{9}$
5. $\frac{4}{5}$
6. $3\frac{9}{10}$
7. $\frac{6}{7}$
8. $3\frac{3}{4}$
9. $\frac{8}{9}$
10. $7\frac{4}{8}$
11. $\frac{7}{8}$
12. $\frac{8}{10}$
13. $\frac{2}{3}$
14. $2\frac{6}{10}$
15. $4\frac{3}{4}$
16. $1\frac{3}{5}$

## 47

1) $2\frac{1}{4} - 1\frac{2}{4} =$
$1\frac{5}{4} - 1\frac{2}{4} = \frac{3}{4}$

2) $7\frac{1}{3} - 6\frac{2}{3} =$
$6\frac{4}{3} - 6\frac{2}{3} = \frac{2}{3}$

3) $9\frac{1}{8} - 7\frac{4}{8} =$
$8\frac{9}{8} - 7\frac{4}{8} = 1\frac{5}{8}$

4) $8\frac{1}{6} - 1\frac{4}{6} =$
$7\frac{7}{6} - 1\frac{4}{6} = 6\frac{3}{6}$

5) $10\frac{1}{3} - 2\frac{2}{3} =$
$9\frac{4}{3} - 2\frac{2}{3} = 7\frac{2}{3}$

6) $8\frac{3}{7} - 7\frac{4}{7} =$
$7\frac{10}{7} - 7\frac{4}{7} = \frac{6}{7}$

7) $5\frac{4}{8} - 4\frac{5}{8} =$
$4\frac{12}{8} - 4\frac{5}{8} = \frac{7}{8}$

8) $8\frac{1}{8} - 6\frac{2}{8} =$
$7\frac{9}{8} - 6\frac{2}{8} = 1\frac{7}{8}$

9) $10\frac{1}{6} - 5\frac{2}{6} =$
$9\frac{7}{6} - 5\frac{2}{6} = 4\frac{5}{6}$

10) $7\frac{1}{4} - 3\frac{2}{4} =$
$6\frac{5}{4} - 3\frac{2}{4} = 3\frac{3}{4}$

11) $4\frac{1}{7} - 2\frac{5}{7} =$
$3\frac{8}{7} - 2\frac{5}{7} = 1\frac{3}{7}$

12) $4\frac{1}{7} - 2\frac{2}{7} =$
$3\frac{8}{7} - 2\frac{2}{7} = 1\frac{6}{7}$

13) $7\frac{3}{6} - 6\frac{4}{6} =$
$6\frac{9}{6} - 6\frac{4}{6} = \frac{5}{6}$

14) $4\frac{1}{4} - 1\frac{3}{4} =$
$3\frac{5}{4} - 1\frac{3}{4} = 2\frac{2}{4}$

15) $2\frac{1}{5} - 1\frac{2}{5} =$

16) $5\frac{1}{5} - 3\frac{3}{5} =$

1. $\frac{3}{4}$
2. $\frac{2}{3}$
3. $1\frac{5}{8}$
4. $6\frac{3}{6}$
5. $7\frac{2}{3}$
6. $\frac{6}{7}$
7. $\frac{7}{8}$
8. $1\frac{7}{8}$
9. $4\frac{5}{6}$
10. $3\frac{3}{4}$
11. $1\frac{3}{7}$
12. $1\frac{6}{7}$
13. $\frac{5}{6}$
14. $2\frac{2}{4}$
15. $\frac{4}{5}$
16. $1\frac{3}{5}$

## 48

1) $7\frac{2}{10} - 6\frac{3}{10} =$
$6\frac{12}{10} - 6\frac{3}{10} = \frac{9}{10}$

2) $2\frac{1}{4} - 1\frac{3}{4} =$
$1\frac{5}{4} - 1\frac{3}{4} = \frac{2}{4}$

3) $7\frac{1}{6} - 6\frac{2}{6} =$
$6\frac{7}{6} - 6\frac{2}{6} = \frac{5}{6}$

4) $6\frac{3}{10} - 5\frac{4}{10} =$
$5\frac{13}{10} - 5\frac{4}{10} = \frac{9}{10}$

5) $2\frac{1}{3} - 1\frac{2}{3} =$
$1\frac{4}{3} - 1\frac{2}{3} = \frac{2}{3}$

6) $10\frac{5}{9} - 4\frac{7}{9} =$
$9\frac{14}{9} - 4\frac{7}{9} = 5\frac{7}{9}$

7) $9\frac{1}{8} - 8\frac{2}{8} =$
$8\frac{9}{8} - 8\frac{2}{8} = \frac{7}{8}$

8) $7\frac{2}{5} - 4\frac{4}{5} =$
$6\frac{7}{5} - 4\frac{4}{5} = 2\frac{3}{5}$

9) $4\frac{4}{7} - 1\frac{5}{7} =$
$3\frac{11}{7} - 1\frac{5}{7} = 2\frac{6}{7}$

10) $4\frac{3}{10} - 1\frac{7}{10} =$
$3\frac{13}{10} - 1\frac{7}{10} = 2\frac{6}{10}$

11) $10\frac{1}{5} - 7\frac{3}{5} =$
$9\frac{6}{5} - 7\frac{3}{5} = 2\frac{3}{5}$

12) $2\frac{4}{7} - 1\frac{6}{7} =$
$1\frac{11}{7} - 1\frac{6}{7} = \frac{5}{7}$

13) $5\frac{1}{3} - 4\frac{2}{3} =$
$4\frac{4}{3} - 4\frac{2}{3} = \frac{2}{3}$

14) $9\frac{2}{5} - 3\frac{3}{5} =$
$8\frac{7}{5} - 3\frac{3}{5} = 5\frac{4}{5}$

15) $9\frac{1}{3} - 8\frac{2}{3} =$

16) $10\frac{1}{5} - 8\frac{3}{5} =$

1. $\frac{9}{10}$
2. $\frac{2}{4}$
3. $\frac{5}{6}$
4. $\frac{9}{10}$
5. $\frac{2}{3}$
6. $5\frac{7}{9}$
7. $\frac{7}{8}$
8. $2\frac{3}{5}$
9. $2\frac{6}{7}$
10. $2\frac{6}{10}$
11. $2\frac{3}{5}$
12. $\frac{5}{7}$
13. $\frac{2}{3}$
14. $5\frac{4}{5}$
15. $\frac{2}{3}$
16. $1\frac{3}{5}$

**1)** $5\frac{1}{5} - 2\frac{2}{5} =$

$4\frac{6}{5} - 2\frac{2}{5} = 2\frac{4}{5}$

**2)** $8\frac{1}{5} - 2\frac{3}{5} =$

$7\frac{6}{5} - 2\frac{3}{5} = 5\frac{3}{5}$

**3)** $4\frac{1}{5} - 2\frac{4}{5} =$

$3\frac{6}{5} - 2\frac{4}{5} = 1\frac{2}{5}$

**4)** $4\frac{1}{8} - 3\frac{5}{8} =$

$3\frac{9}{8} - 3\frac{5}{8} = \frac{4}{8}$

**5)** $7\frac{4}{8} - 3\frac{7}{8} =$

$6\frac{12}{8} - 3\frac{7}{8} = 3\frac{5}{8}$

**6)** $6\frac{1}{6} - 5\frac{4}{6} =$

$5\frac{7}{6} - 5\frac{4}{6} = \frac{3}{6}$

**7)** $2\frac{3}{6} - 1\frac{4}{6} =$

$1\frac{9}{6} - 1\frac{4}{6} = \frac{5}{6}$

**8)** $10\frac{1}{6} - 6\frac{4}{6} =$

$9\frac{7}{6} - 6\frac{4}{6} = \frac{3}{6}$

**9)** $6\frac{1}{3} - 3\frac{2}{3} =$

$5\frac{4}{3} - 3\frac{2}{3} = 2\frac{2}{3}$

**10)** $5\frac{1}{5} - 2\frac{4}{5} =$

$4\frac{6}{5} - 2\frac{4}{5} = 2\frac{2}{5}$

**11)** $2\frac{2}{4} - 1\frac{3}{4} =$

$1\frac{6}{4} - 1\frac{3}{4} = \frac{3}{4}$

**12)** $10\frac{1}{3} - 7\frac{2}{3} =$

$9\frac{4}{3} - 7\frac{2}{3} = 2\frac{2}{3}$

**13)** $2\frac{2}{10} - 1\frac{4}{10} =$

$1\frac{12}{10} - 1\frac{4}{10} = \frac{8}{10}$

**14)** $10\frac{3}{8} - 7\frac{7}{8} =$

$9\frac{11}{8} - 7\frac{7}{8} = 2\frac{4}{8}$

**15)** $3\frac{5}{10} - 2\frac{9}{10} =$

**16)** $7\frac{2}{10} - 3\frac{9}{10} =$

Answers:
1. $2\frac{4}{5}$
2. $5\frac{3}{5}$
3. $1\frac{2}{5}$
4. $\frac{4}{8}$
5. $3\frac{5}{8}$
6. $\frac{3}{6}$
7. $\frac{5}{6}$
8. $\frac{3}{6}$
9. $2\frac{2}{3}$
10. $2\frac{2}{5}$
11. $\frac{3}{4}$
12. $2\frac{2}{3}$
13. $\frac{8}{10}$
14. $2\frac{4}{8}$
15. $\frac{6}{10}$
16. $3\frac{3}{10}$

**1)** $9\frac{5}{9} - 4\frac{7}{9} =$

$8\frac{14}{9} - 4\frac{7}{9} = 4\frac{7}{9}$

**2)** $10\frac{4}{8} - 1\frac{6}{8} =$

$9\frac{12}{8} - 1\frac{6}{8} = 8\frac{6}{8}$

**3)** $7\frac{1}{8} - 2\frac{3}{8} =$

$6\frac{9}{8} - 2\frac{3}{8} = 4\frac{6}{8}$

**4)** $8\frac{1}{8} - 1\frac{2}{8} =$

$7\frac{9}{8} - 1\frac{2}{8} = 6\frac{7}{8}$

**5)** $7\frac{1}{3} - 6\frac{2}{3} =$

$6\frac{4}{3} - 6\frac{2}{3} = \frac{2}{3}$

**6)** $6\frac{2}{8} - 5\frac{6}{8} =$

$5\frac{10}{8} - 5\frac{6}{8} = \frac{4}{8}$

**7)** $7\frac{1}{5} - 3\frac{3}{5} =$

$6\frac{6}{5} - 3\frac{3}{5} = 3\frac{3}{5}$

**8)** $3\frac{2}{7} - 1\frac{3}{7} =$

$2\frac{9}{7} - 1\frac{3}{7} = 1\frac{6}{7}$

**9)** $8\frac{5}{10} - 1\frac{9}{10} =$

$7\frac{15}{10} - 1\frac{9}{10} = 6\frac{6}{10}$

**10)** $6\frac{1}{3} - 2\frac{2}{3} =$

$5\frac{4}{3} - 2\frac{2}{3} = 3\frac{2}{3}$

**11)** $3\frac{5}{10} - 2\frac{6}{10} =$

$2\frac{15}{10} - 2\frac{6}{10} = \frac{9}{10}$

**12)** $3\frac{2}{4} - 2\frac{3}{4} =$

$2\frac{6}{4} - 2\frac{3}{4} = \frac{3}{4}$

**13)** $3\frac{2}{5} - 2\frac{3}{5} =$

$2\frac{7}{5} - 2\frac{3}{5} = \frac{4}{5}$

**14)** $10\frac{1}{8} - 8\frac{2}{8} =$

$9\frac{9}{8} - 8\frac{2}{8} = 1\frac{7}{8}$

**15)** $2\frac{3}{7} - 1\frac{5}{7} =$

**16)** $6\frac{1}{8} - 2\frac{7}{8} =$

Answers:
1. $4\frac{7}{9}$
2. $8\frac{6}{8}$
3. $4\frac{6}{8}$
4. $6\frac{7}{8}$
5. $\frac{2}{3}$
6. $\frac{4}{8}$
7. $3\frac{3}{5}$
8. $1\frac{6}{7}$
9. $6\frac{6}{10}$
10. $3\frac{2}{3}$
11. $\frac{9}{10}$
12. $\frac{3}{4}$
13. $\frac{4}{5}$
14. $1\frac{7}{8}$
15. $\frac{5}{7}$
16. $3\frac{2}{8}$

**Ex)** $\frac{1}{4} + \frac{1}{4}$

**1)** $\frac{1}{6} + \frac{1}{6}$

**2)** $\frac{1}{4} + \frac{1}{4} + \frac{1}{4}$

**3)** $\frac{1}{12} + \frac{1}{12} + \frac{1}{12}$

**4)** $\frac{1}{4} + \frac{1}{4} + \frac{1}{4} + \frac{1}{4}$

**5)** $\frac{1}{10} + \frac{1}{10} + \frac{1}{10} + \frac{1}{10} + \frac{1}{10} + \frac{1}{10} + \frac{1}{10}$

**6)** $\frac{1}{12} + \frac{1}{12} + \frac{1}{12} + \frac{1}{12}$

**7)** $\frac{1}{3} + \frac{1}{3} + \frac{1}{3}$

**8)** $\frac{1}{4} + \frac{1}{3}$

**9)** $\frac{1}{6} + \frac{1}{6} + \frac{1}{6} + \frac{1}{6} + \frac{1}{6}$

**10)** $\frac{1}{3} + \frac{1}{3}$

**11)** $\frac{1}{10} + \frac{1}{10} + \frac{1}{10} + \frac{1}{10} + \frac{1}{10}$

**12)** $\frac{1}{12} + \frac{1}{12} + \frac{1}{12} + \frac{1}{12} + \frac{1}{12} + \frac{1}{12}$

**13)** $\frac{1}{10} + \frac{1}{10} + \frac{1}{10}$

**14)** $\frac{1}{8} + \frac{1}{8}$

**15)** $\frac{1}{8} + \frac{1}{8} + \frac{1}{8} + \frac{1}{8} + \frac{1}{8} + \frac{1}{8} + \frac{1}{8}$

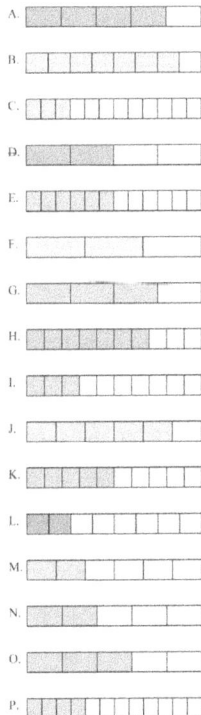

Answers:
Ex. D $\frac{2}{4}$
1. M $\frac{2}{6}$
2. G $\frac{3}{4}$
3. C $\frac{3}{12}$
4. A $\frac{4}{4}$
5. H $\frac{7}{10}$
6. P $\frac{4}{12}$
7. O $\frac{3}{3}$
8. N $\frac{3}{5}$
9. J $\frac{5}{6}$
10. F $\frac{2}{3}$
11. K $\frac{5}{10}$
12. E $\frac{6}{12}$
13. I $\frac{3}{10}$
14. L $\frac{3}{8}$
15. B $\frac{7}{8}$

**Ex)** $\frac{1}{10} + \frac{1}{10}$

**1)** $\frac{1}{3} + \frac{1}{3}$

**2)** $\frac{1}{4} + \frac{1}{4} + \frac{1}{4}$

**3)** $\frac{1}{6} + \frac{1}{6}$

**4)** $\frac{1}{4} + \frac{1}{4} + \frac{1}{4}$

**5)** $\frac{1}{10} + \frac{1}{10} + \frac{1}{10} + \frac{1}{10} + \frac{1}{10}$

**6)** $\frac{1}{12} + \frac{1}{12} + \frac{1}{12} + \frac{1}{12}$

**7)** $\frac{1}{6} + \frac{1}{6} + \frac{1}{6} + \frac{1}{6}$

**8)** $\frac{1}{12} + \frac{1}{12} + \frac{1}{12} + \frac{1}{12} + \frac{1}{12} + \frac{1}{12}$

**9)** $\frac{1}{10} + \frac{1}{10} + \frac{1}{10} + \frac{1}{10} + \frac{1}{10} + \frac{1}{10}$

**10)** $\frac{1}{8} + \frac{1}{8} + \frac{1}{8} + \frac{1}{8} + \frac{1}{8}$

**11)** $\frac{1}{12} + \frac{1}{12} + \frac{1}{12}$

**12)** $\frac{1}{12} + \frac{1}{12} + \frac{1}{12} + \frac{1}{12} + \frac{1}{12}$

**13)** $\frac{1}{4} + \frac{1}{4}$

**14)** $\frac{1}{4} + \frac{1}{4}$

**15)** $\frac{1}{8} + \frac{1}{8}$

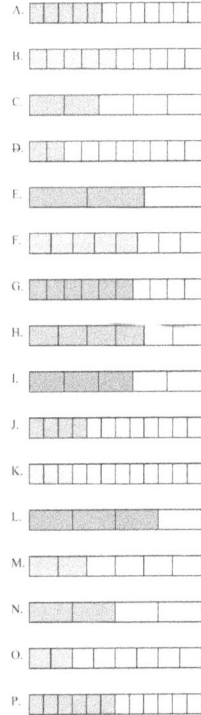

Answers:
Ex. D $\frac{2}{10}$
1. E $\frac{2}{3}$
2. I $\frac{3}{4}$
3. M $\frac{2}{6}$
4. L $\frac{3}{4}$
5. B $\frac{5}{10}$
6. J $\frac{4}{12}$
7. H $\frac{4}{6}$
8. P $\frac{6}{12}$
9. G $\frac{6}{10}$
10. F $\frac{5}{8}$
11. K $\frac{3}{12}$
12. A $\frac{5}{12}$
13. C $\frac{2}{4}$
14. N $\frac{2}{4}$
15. O $\frac{3}{8}$

## 53

Ex) $\frac{1}{3} + \frac{1}{3}$

1) $\frac{1}{6} + \frac{1}{6} + \frac{1}{6}$

2) $\frac{1}{8} + \frac{1}{8} + \frac{1}{8} + \frac{1}{8}$

3) $\frac{1}{4} + \frac{1}{4}$

4) $\frac{1}{4} + \frac{1}{4} + \frac{1}{4}$

5) $\frac{1}{4} + \frac{1}{4}$

6) $\frac{1}{12} + \frac{1}{12} + \frac{1}{12} + \frac{1}{12} + \frac{1}{12} + \frac{1}{12} + \frac{1}{12}$

7) $\frac{1}{12} + \frac{1}{12} + \frac{1}{12} + \frac{1}{12} + \frac{1}{12} + \frac{1}{12}$

8) $\frac{1}{6} + \frac{1}{6} + \frac{1}{6} + \frac{1}{6} - \frac{1}{6}$

9) $\frac{1}{4} + \frac{1}{4} + \frac{1}{4}$

10) $\frac{1}{10} + \frac{1}{10} + \frac{1}{10} + \frac{1}{10} + \frac{1}{10} + \frac{1}{10} + \frac{1}{10}$

11) $\frac{1}{8} + \frac{1}{4} + \frac{1}{8} + \frac{1}{8} + \frac{1}{8} + \frac{1}{8} + \frac{1}{8}$

12) $\frac{1}{5} + \frac{1}{5} + \frac{1}{5} + \frac{1}{5}$

13) $\frac{1}{12} + \frac{1}{12} + \frac{1}{12} + \frac{1}{12}$

14) $\frac{1}{12} + \frac{1}{12} + \frac{1}{12}$

15) $\frac{1}{6} + \frac{1}{6} + \frac{1}{6} + \frac{1}{6}$

| | | |
|---|---|---|
| Ex. | J | $\frac{2}{3}$ |
| 1. | A | $\frac{3}{6}$ |
| 2. | B | $\frac{4}{8}$ |
| 3. | O | $\frac{2}{4}$ |
| 4. | K | $\frac{3}{5}$ |
| 5. | C | $\frac{2}{5}$ |
| 6. | F | $\frac{7}{12}$ |
| 7. | H | $\frac{6}{12}$ |
| 8. | M | $\frac{5}{6}$ |
| 9. | D | $\frac{3}{4}$ |
| 10. | N | $\frac{7}{10}$ |
| 11. | I | $\frac{7}{8}$ |
| 12. | G | $\frac{4}{5}$ |
| 13. | P | $\frac{4}{12}$ |
| 14. | E | $\frac{3}{12}$ |
| 15. | L | $\frac{4}{6}$ |

## 54

Ex) $\frac{1}{4} + \frac{1}{4}$

1) $\frac{1}{8} + \frac{1}{8} + \frac{1}{8} + \frac{1}{8} + \frac{1}{8}$

2) $\frac{1}{6} + \frac{1}{6}$

3) $\frac{1}{10} + \frac{1}{10} + \frac{1}{10} + \frac{1}{10} + \frac{1}{10} + \frac{1}{10}$

4) $\frac{1}{8} + \frac{1}{8} + \frac{1}{8} + \frac{1}{8}$

5) $\frac{1}{12} + \frac{1}{12} + \frac{1}{12} + \frac{1}{12} + \frac{1}{12} + \frac{1}{12}$

6) $\frac{1}{10} + \frac{1}{10} + \frac{1}{10} + \frac{1}{10} + \frac{1}{10} + \frac{1}{10} + \frac{1}{10}$

7) $\frac{1}{10} + \frac{1}{10} + \frac{1}{10} + \frac{1}{10} + \frac{1}{10}$

8) $\frac{1}{4} + \frac{1}{4} + \frac{1}{4}$

9) $\frac{1}{5} + \frac{1}{5} + \frac{1}{5}$

10) $\frac{1}{12} + \frac{1}{12} + \frac{1}{12}$

11) $\frac{1}{4} + \frac{1}{6} + \frac{1}{6} + \frac{1}{6} - \frac{1}{6}$

12) $\frac{1}{12} + \frac{1}{12} + \frac{1}{12} + \frac{1}{12} + \frac{1}{12}$

13) $\frac{1}{10} + \frac{1}{10}$

14) $\frac{1}{4} + \frac{1}{4} + \frac{1}{4} + \frac{1}{4}$

15) $\frac{1}{3} + \frac{1}{3}$

| | | |
|---|---|---|
| Ex. | E | $\frac{2}{4}$ |
| 1. | C | $\frac{5}{8}$ |
| 2. | D | $\frac{2}{6}$ |
| 3. | A | $\frac{6}{10}$ |
| 4. | M | $\frac{4}{8}$ |
| 5. | P | $\frac{6}{12}$ |
| 6. | H | $\frac{7}{10}$ |
| 7. | F | $\frac{5}{10}$ |
| 8. | I | $\frac{3}{4}$ |
| 9. | O | $\frac{3}{5}$ |
| 10. | L | $\frac{3}{12}$ |
| 11. | B | $\frac{5}{6}$ |
| 12. | G | $\frac{5}{12}$ |
| 13. | N | $\frac{2}{10}$ |
| 14. | J | $\frac{4}{4}$ |
| 15. | K | $\frac{2}{3}$ |

## 55

Ex) $\frac{1}{8} + \frac{1}{8} + \frac{1}{8}$

1) $\frac{1}{2} + \frac{1}{5}$

2) $\frac{1}{4} + \frac{1}{4}$

3) $\frac{1}{12} + \frac{1}{12} + \frac{1}{12}$

4) $\frac{1}{6} + \frac{1}{6} + \frac{1}{6} + \frac{1}{6}$

5) $\frac{1}{10} + \frac{1}{10}$

6) $\frac{1}{12} + \frac{1}{12} + \frac{1}{12} + \frac{1}{12} + \frac{1}{12} + \frac{1}{12}$

7) $\frac{1}{5} + \frac{1}{5} + \frac{1}{5} + \frac{1}{5}$

8) $\frac{1}{3} + \frac{1}{3}$

9) $\frac{1}{12} + \frac{1}{12}$

10) $\frac{1}{10} + \frac{1}{10} + \frac{1}{10} + \frac{1}{10} + \frac{1}{10} + \frac{1}{10}$

11) $\frac{1}{10} + \frac{1}{10} + \frac{1}{10} + \frac{1}{10} + \frac{1}{10}$

12) $\frac{1}{4} + \frac{1}{4} + \frac{1}{4}$

13) $\frac{1}{8} + \frac{1}{8} + \frac{1}{8} + \frac{1}{8}$

14) $\frac{1}{12} + \frac{1}{12} + \frac{1}{12} + \frac{1}{12} + \frac{1}{12}$

15) $\frac{1}{8} + \frac{1}{8} + \frac{1}{8} + \frac{1}{8} + \frac{1}{8} + \frac{1}{8}$

| | | |
|---|---|---|
| Ex. | F | $\frac{3}{8}$ |
| 1. | I | $\frac{2}{5}$ |
| 2. | P | $\frac{2}{4}$ |
| 3. | G | $\frac{3}{12}$ |
| 4. | E | $\frac{4}{6}$ |
| 5. | K | $\frac{2}{10}$ |
| 6. | D | $\frac{6}{12}$ |
| 7. | B | $\frac{4}{5}$ |
| 8. | J | $\frac{2}{3}$ |
| 9. | L | $\frac{2}{12}$ |
| 10. | O | $\frac{6}{10}$ |
| 11. | M | $\frac{5}{10}$ |
| 12. | A | $\frac{3}{4}$ |
| 13. | H | $\frac{4}{8}$ |
| 14. | N | $\frac{5}{12}$ |
| 15. | C | $\frac{6}{8}$ |

## 56

Ex) $\frac{1}{3} + \frac{1}{3}$

1) $\frac{1}{4} + \frac{1}{2} + \frac{1}{2} + \frac{1}{5}$

2) $\frac{1}{8} + \frac{1}{8} + \frac{1}{8} + \frac{1}{8} - \frac{1}{8} + \frac{1}{8} - \frac{1}{8}$

3) $\frac{1}{8} + \frac{1}{8} + \frac{1}{8} + \frac{1}{8}$

4) $\frac{1}{10} + \frac{1}{10} + \frac{1}{10} + \frac{1}{10} + \frac{1}{10}$

5) $\frac{1}{12} + \frac{1}{12} + \frac{1}{12} + \frac{1}{12} + \frac{1}{12}$

6) $\frac{1}{4} + \frac{1}{4} + \frac{1}{4}$

7) $\frac{1}{10} + \frac{1}{10}$

8) $\frac{1}{6} + \frac{1}{6} + \frac{1}{6} + \frac{1}{6}$

9) $\frac{1}{12} + \frac{1}{12} + \frac{1}{12} + \frac{1}{12} + \frac{1}{12} + \frac{1}{12}$

10) $\frac{1}{10} + \frac{1}{10} + \frac{1}{10}$

11) $\frac{1}{12} + \frac{1}{12} + \frac{1}{12} + \frac{1}{12} + \frac{1}{12} + \frac{1}{12} + \frac{1}{12}$

12) $\frac{1}{10} + \frac{1}{10} + \frac{1}{10} + \frac{1}{10} + \frac{1}{10} + \frac{1}{10} + \frac{1}{10}$

13) $\frac{1}{8} + \frac{1}{8} + \frac{1}{8}$

14) $\frac{1}{3} + \frac{1}{3} + \frac{1}{3}$

15) $\frac{1}{6} + \frac{1}{6} + \frac{1}{6}$

| | | |
|---|---|---|
| Ex. | D | $\frac{2}{3}$ |
| 1. | O | $\frac{4}{5}$ |
| 2. | M | $\frac{7}{8}$ |
| 3. | P | $\frac{4}{8}$ |
| 4. | G | $\frac{5}{10}$ |
| 5. | L | $\frac{5}{12}$ |
| 6. | C | $\frac{3}{4}$ |
| 7. | H | $\frac{2}{10}$ |
| 8. | K | $\frac{4}{6}$ |
| 9. | N | $\frac{6}{12}$ |
| 10. | B | $\frac{3}{10}$ |
| 11. | F | $\frac{7}{12}$ |
| 12. | E | $\frac{7}{10}$ |
| 13. | I | $\frac{3}{8}$ |
| 14. | A | $\frac{3}{3}$ |
| 15. | J | $\frac{3}{6}$ |

**57**

Ex) $\frac{1}{6} + \frac{1}{6} + \frac{1}{6}$

1) $\frac{1}{12} + \frac{1}{12} + \frac{1}{12}$

2) $\frac{1}{4} + \frac{1}{4}$

3) $\frac{1}{8} + \frac{1}{8} + \frac{1}{8} + \frac{1}{8} + \frac{1}{8}$

4) $\frac{1}{12} + \frac{1}{12} + \frac{1}{12} + \frac{1}{12} + \frac{1}{12}$

5) $\frac{1}{8} + \frac{1}{8} + \frac{1}{8}$

6) $\frac{1}{8} + \frac{1}{8} + \frac{1}{8} + \frac{1}{8}$

7) $\frac{1}{4} + \frac{1}{4} + \frac{1}{4}$

8) $\frac{1}{5} + \frac{1}{5} + \frac{1}{5} + \frac{1}{5}$

9) $\frac{1}{4} + \frac{1}{4}$

10) $\frac{1}{10} + \frac{1}{10} + \frac{1}{10} + \frac{1}{10} + \frac{1}{10} + \frac{1}{10} + \frac{1}{10}$

11) $\frac{1}{12} + \frac{1}{12}$

12) $\frac{1}{12} + \frac{1}{12} + \frac{1}{12} + \frac{1}{12} + \frac{1}{12} + \frac{1}{12}$

13) $\frac{1}{8} + \frac{1}{8}$

14) $\frac{1}{10} + \frac{1}{10} + \frac{1}{10}$

15) $\frac{1}{4} + \frac{1}{4}$

| | |
|---|---|
| Ex. | G $\frac{3}{6}$ |
| 1. | J $\frac{3}{12}$ |
| 2. | N $\frac{2}{4}$ |
| 3. | D $\frac{5}{8}$ |
| 4. | I $\frac{5}{12}$ |
| 5. | F $\frac{3}{8}$ |
| 6. | M $\frac{4}{8}$ |
| 7. | A $\frac{3}{4}$ |
| 8. | F $\frac{4}{5}$ |
| 9. | K $\frac{2}{4}$ |
| 10. | P $\frac{7}{10}$ |
| 11. | O $\frac{2}{12}$ |
| 12. | C $\frac{6}{12}$ |
| 13. | H $\frac{2}{8}$ |
| 14. | B $\frac{3}{10}$ |
| 15. | L $\frac{2}{5}$ |

**58**

Ex) $\frac{1}{8} + \frac{1}{8} + \frac{1}{8} + \frac{1}{8} + \frac{1}{8} + \frac{1}{8} + \frac{1}{8}$

1) $\frac{1}{6} + \frac{1}{6}$

2) $\frac{1}{4} + \frac{1}{4}$

3) $\frac{1}{4} + \frac{1}{4}$

4) $\frac{1}{4} + \frac{1}{4}$

5) $\frac{1}{4} + \frac{1}{4} + \frac{1}{4}$

6) $\frac{1}{10} + \frac{1}{10} + \frac{1}{10} + \frac{1}{10} + \frac{1}{10}$

7) $\frac{1}{4} + \frac{1}{4}$

8) $\frac{1}{8} + \frac{1}{8} + \frac{1}{8} + \frac{1}{8} + \frac{1}{8} + \frac{1}{8}$

9) $\frac{1}{12} + \frac{1}{12} + \frac{1}{12} + \frac{1}{12} + \frac{1}{12} + \frac{1}{12} + \frac{1}{12}$

10) $\frac{1}{8} + \frac{1}{8} + \frac{1}{8} + \frac{1}{8} + \frac{1}{8}$

11) $\frac{1}{6} + \frac{1}{6} + \frac{1}{6}$

12) $\frac{1}{6} + \frac{1}{6} + \frac{1}{6} + \frac{1}{6}$

13) $\frac{1}{10} + \frac{1}{10}$

14) $\frac{1}{10} + \frac{1}{10} + \frac{1}{10} + \frac{1}{10}$

15) $\frac{1}{12} + \frac{1}{12} + \frac{1}{12}$

| | |
|---|---|
| Ex. | F $\frac{7}{8}$ |
| 1. | H $\frac{2}{6}$ |
| 2. | G $\frac{2}{4}$ |
| 3. | A $\frac{3}{4}$ |
| 4. | J $\frac{2}{4}$ |
| 5. | I $\frac{3}{4}$ |
| 6. | O $\frac{5}{10}$ |
| 7. | C $\frac{2}{8}$ |
| 8. | B $\frac{6}{8}$ |
| 9. | D $\frac{7}{12}$ |
| 10. | L $\frac{5}{8}$ |
| 11. | N $\frac{3}{6}$ |
| 12. | E $\frac{4}{6}$ |
| 13. | K $\frac{2}{10}$ |
| 14. | M $\frac{4}{10}$ |
| 15. | P $\frac{3}{12}$ |

**59**

Ex) $\frac{1}{12} + \frac{1}{12} + \frac{1}{12} + \frac{1}{12} + \frac{1}{12} + \frac{1}{12} + \frac{1}{12}$

1) $\frac{1}{12} + \frac{1}{12} + \frac{1}{12} + \frac{1}{12} + \frac{1}{12} + \frac{1}{12}$

2) $\frac{1}{12} + \frac{1}{12} + \frac{1}{12} + \frac{1}{12} + \frac{1}{12}$

3) $\frac{1}{8} + \frac{1}{8} + \frac{1}{8} + \frac{1}{8} + \frac{1}{8}$

4) $\frac{1}{3} + \frac{1}{3}$

5) $\frac{1}{12} + \frac{1}{12} + \frac{1}{12} + \frac{1}{12}$

6) $\frac{1}{3} + \frac{1}{3} + \frac{1}{3}$

7) $\frac{1}{3} + \frac{1}{3}$

8) $\frac{1}{6} + \frac{1}{6} + \frac{1}{6} + \frac{1}{6} + \frac{1}{6}$

9) $\frac{1}{6} + \frac{1}{6} + \frac{1}{6} + \frac{1}{6}$

10) $\frac{1}{6} + \frac{1}{6} + \frac{1}{6}$

11) $\frac{1}{8} + \frac{1}{8} + \frac{1}{8} + \frac{1}{8}$

12) $\frac{1}{10} + \frac{1}{10} + \frac{1}{10}$

13) $\frac{1}{10} + \frac{1}{10} + \frac{1}{10} + \frac{1}{10}$

14) $\frac{1}{10} + \frac{1}{10}$

15) $\frac{1}{4} + \frac{1}{4}$

| | |
|---|---|
| Ex. | I $\frac{7}{12}$ |
| 1. | K $\frac{6}{12}$ |
| 2. | I $\frac{5}{12}$ |
| 3. | P $\frac{5}{8}$ |
| 4. | J $\frac{2}{3}$ |
| 5. | E $\frac{4}{12}$ |
| 6. | N $\frac{3}{3}$ |
| 7. | G $\frac{2}{3}$ |
| 8. | D $\frac{5}{6}$ |
| 9. | C $\frac{4}{6}$ |
| 10. | H $\frac{3}{6}$ |
| 11. | O $\frac{4}{8}$ |
| 12. | A $\frac{3}{10}$ |
| 13. | M $\frac{4}{10}$ |
| 14. | F $\frac{2}{10}$ |
| 15. | B $\frac{2}{4}$ |

**60**

Ex) $\frac{1}{12} + \frac{1}{12} + \frac{1}{12}$

1) $\frac{1}{10} + \frac{1}{10} + \frac{1}{10} + \frac{1}{10} + \frac{1}{10} + \frac{1}{10}$

2) $\frac{1}{6} + \frac{1}{6} + \frac{1}{6} + \frac{1}{6}$

3) $\frac{1}{8} + \frac{1}{8} + \frac{1}{8} + \frac{1}{8}$

4) $\frac{1}{10} + \frac{1}{10} + \frac{1}{10}$

5) $\frac{1}{3} + \frac{1}{3}$

6) $\frac{1}{4} + \frac{1}{4} + \frac{1}{4}$

7) $\frac{1}{8} + \frac{1}{8} + \frac{1}{8} + \frac{1}{8} + \frac{1}{8} + \frac{1}{8}$

8) $\frac{1}{3} + \frac{1}{3} + \frac{1}{3}$

9) $\frac{1}{6} + \frac{1}{6}$

10) $\frac{1}{10} + \frac{1}{10} + \frac{1}{10} + \frac{1}{10} + \frac{1}{10} + \frac{1}{10} + \frac{1}{10}$

11) $\frac{1}{8} + \frac{1}{8} + \frac{1}{8} + \frac{1}{8} + \frac{1}{8} + \frac{1}{8} + \frac{1}{8}$

12) $\frac{1}{12} + \frac{1}{12} + \frac{1}{12} + \frac{1}{12}$

13) $\frac{1}{8} + \frac{1}{8}$

14) $\frac{1}{12} + \frac{1}{12}$

15) $\frac{1}{8} + \frac{1}{8} + \frac{1}{8}$

| | |
|---|---|
| Ex. | M $\frac{3}{12}$ |
| 1. | F $\frac{6}{10}$ |
| 2. | C $\frac{4}{6}$ |
| 3. | D $\frac{4}{8}$ |
| 4. | I $\frac{3}{10}$ |
| 5. | N $\frac{2}{3}$ |
| 6. | G $\frac{3}{4}$ |
| 7. | P $\frac{6}{8}$ |
| 8. | J $\frac{3}{3}$ |
| 9. | K $\frac{2}{6}$ |
| 10. | E $\frac{7}{10}$ |
| 11. | L $\frac{7}{8}$ |
| 12. | H $\frac{4}{12}$ |
| 13. | B $\frac{2}{8}$ |
| 14. | O $\frac{2}{12}$ |
| 15. | A $\frac{3}{8}$ |